레지오 정신을 토대로 한
도담도담이야기 Ⅲ

어린이와 자연 사이의 벽을 허물다

: 만나고 놀이하며

집필진

한솔어린이보육재단
| 오문자 (대표)

한솔어린이보육재단 현장연구팀
| 김　숙 (팀장)
| 김희정 (선임연구원)
| 이수영 (선임연구원)

한솔어린이보육재단 · KCCT
| 최현아 (현장연구원)
| 이오영 (현장연구원)
| 손유림 (현장연구원)
| 송해리 (현장연구원)

참여 어린이집

광명경찰서어린이집	코닝정밀소재어린이집
기아광주어린이집	하이원태백어린이집
기아화성어린이집	한솔교육&CJ키즈빌어린이집
서산오토밸리어린이집	한화여의도어린이집
서울시농수산식품공사올본어린이집	CJ키즈빌어린이집
아산경찰서어린이집	LG이노텍(파주)어린이집
아이앤어린이집	SKY어린이집
이랜드코코몽어린이집	the KIDS 대방어린이집

* 어린이의 개인정보 보호를 위해 사진사용에 대한 동의와 어린이 가명을 사용하기로 보호자의 동의를 받았습니다.

레지오 정신을 토대로 한
도담도담이야기 Ⅲ

어린이와 자연 사이의 벽을 허물다

: 만나고 놀이하며

한솔어린이보육재단·오문자

책 발간에 즈음하여

한솔어린이보육재단의 정체성, 즉 '한솔다움' 찾기 여정의 세 번째 해인 2019년, 재단 어린이집은 한 해 동안 자연친화적 가치를 추구하는 '도담솔'에 중점을 두고 어린이들의 생태적 감수성 증진을 목표로 현장연구를 수행해 왔습니다. 지난해 협력의 가치를 구현한 '도담별' 현장연구의 사례집인 〈도담도담이야기 II〉에 이어, 올해도 어린이집 현장에서 경험한 바를 드러내어 정리하고 배움의 과정을 재단 구성원들과 공유하기 위해 '도담솔' 현장연구의 사례집인 〈도담도담이야기 III〉을 집필하게 되었습니다. 이전 출판물과 마찬가지로, 이번 책은 교사의 개인적 작업물들의 모음이 아닙니다. 각 장의 내용은 현장 교사들의 관찰 기록 내용, 동료교사 및 현장연구원과 협의를 통해 산출된 해석, 그리고 전체 경험을 되돌아보며 집필과정에서 추가적으로 더해진 의미로 이루어져 있어서, 결국 교사, 동료, 현장 연구진의 세 주체가 시간적 간격을 두고 돌아보며 산출해 낸 공동작업의 결과입니다.

재단 교직원들은 지난해 다양한 방식으로 어린이들이 자연과 만나는 기회를 제공하였습니다. '놀이'라는 맥락 안에서 어린이들이 자연에 좀 더 다가가고 자연을 경험하며 자신을 포함한 생태계의 모든 요소가 밀접하게 상호 연결되어 있음을 깨닫기를 기대하였습니다. 하지만 자연과 인간의 관계를 분리하여 접근해 왔던 교사들의 고정관념으로 인해 막상 현장에서 이러한 모습들이 쉽게 발견되지 않았습니다. '도담솔' 실천을 위해 재단 교사들은 스스로 설정해 온 어린이와 자연 사이의 '보이지 않는 벽'을 허물고 새로운 관점에서 어린이가 자연과 만나 구성하는 놀이를 바라보기 시작하였으며 자연과 만나는 어린이들의 미세한 몸짓에 귀를 기울여 보았습니다. 그러자 어린이들은 자연과 자신의 삶과의 연결고리를 찾아 자신의 주변을 돌아보면서 이전에는 주목하지 않던 자연의 흔적을 발견하였습니다. 또 자연 속 생명체들에 대해 상투적으로 접근하는 대신 신선하고 근원적인 의문과 애정을 가지며, 교사의 격려로 낯선 냄새, 촉감, 현상들을 용기 내어 탐색하는 모습도 보였습니다. 어린이들과 교사는 함께 조금씩 보이지 않는 벽을 허물어 나가기 시작했습니다. 용기 내어 첫걸음을 내디딘 교사들과 열정적으로 이에 반응해 준 어린이들에게 찬사와 감사의 마음을 보내고자 합니다. 아울러, 지난 세 차례의 출판과정을 긍정적으로 지켜보며 아낌없이 지원해 주신 변재용 회장님과 재단 여러분들, 특히 매번 지난한 집필과정에서 지치지 않고 직접 글을 쓰고 서로 피드백을 나누어 준 재단 현장연구팀과 KCCT 현장연구원들에게도 진심 고마운 마음을 전합니다.

2020년 5월 상암동에서
오문자
한솔어린이보육재단 대표

목차

발간사	5
Ⅰ. 들어가며	9
Ⅱ. 교사의 관점 변화로 생겨난 새로운 자연놀이	15
2-1. 자연을 찾아 어린이와 함께 일상적 환경을 새롭게 바라보다	17

　　｜ 오늘 나갈 수 있어요?
　　｜ 비를 만난 어린이들
　　｜ 여기는 이제 본부예요
　　｜ 우리들의 비밀 공간 '피닉스'
　　｜ 화산리 마을의 보물지도

2-2. 자연과 만나는 어린이의 다양한 경로를 존중하다	57

　　｜ 감각을 일깨우는 자연의 힘
　　｜ 창문을 두드리며 다가간 자연
　　｜ 친구, '벗(友)'찌를 만나다
　　｜ 자연을 '코로 만나다'

CONTENTS

2-3. 자연을 탐구하는 어린이의 가설을 격려하다   93
　| 나타났다 사라졌다
　| 지금이야! : 제트기로 시작된 바람과의 만남
　| 다 이유가 있어!
　| 함께 배워가는 여정 : 잡초 이야기

2-4. 자연과 어린이의 관계에 주목하다   127
　| 쉿! : 영아들의 생각과 마음이 담긴 자연놀이
　| 진짜... 애벌레가 살기 좋은 환경은?
　| 우리가 야생을 택한 이유

Ⅲ. 나가며   157
　| 현장과 함께하며 성인에게 새롭게 다가온 자연
　| 어린이와 교사가 함께 자연생태계의 현상에 민감하게 반응하다

Ⅳ. 부록   177

I. 들어가며

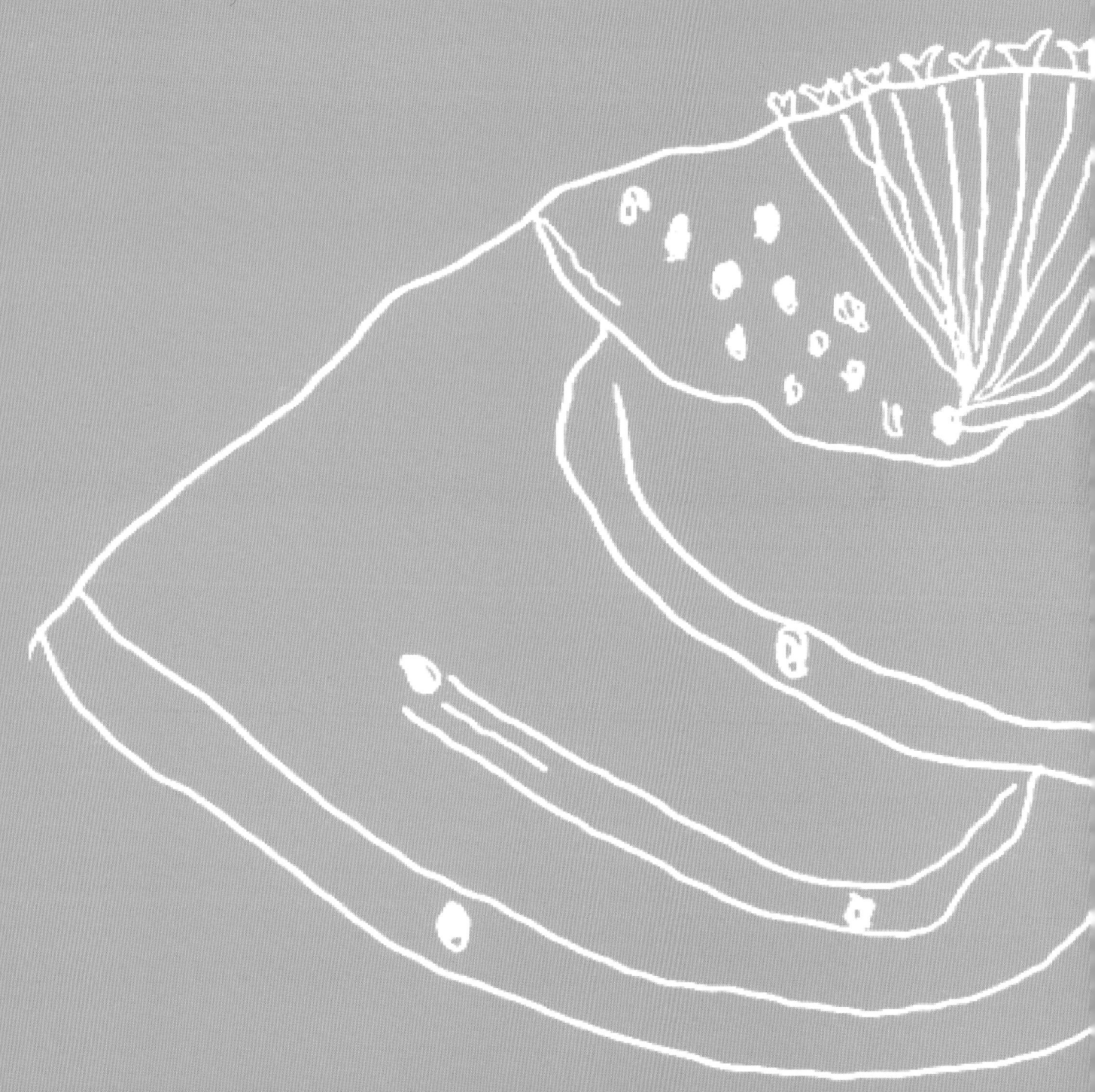

교사의 관점 변화가 이끌어 낸 자연놀이의 변화

어린이와 자연을 만나도록 하는 역할에서 우리가 제일 먼저 생각해야 할 질문은 다음이 될 것이다: **인간과 자연은 어떤 관계를 맺고 있는가?** 인간은 스스로가 지구의 주인공이고 자연은 우리 주변을 둘러싸고 있는 배경이라고 생각하는 경향이 있다. 그러나 한 걸음 물러서 시야를 넓혀보면 다른 그림이 그려진다. "인간이 생명의 망을 짜는 것이 아니라 인간은 단지 생명의 망을 짜는 데 쓰이는 하나의 실에 불과하다"라는 오래전 미국 시애틀 인디언 추장의 말처럼, 인간은 생태계를 이루는 하나의 요소일 뿐이라는 관점이 설득력 있게 다가온다. 교육자인 우리의 자연관, 혹은 인간과 자연의 관계에 대한 관점이 어린이들에게 영향을 준다는 점을 고려할 때, 우리의 관점을 진지하게 돌아볼 필요가 있다. 우리는 그동안 어떤 생각을 전제로 어린이들이 자연을 만나도록 해 왔으며 앞으로는 어느 방향으로 나아가야 하는가? 이에 대한 답을 얻기 위해 우선 자연이란 무엇이며, 어린이들이 자연을 만나 놀이한다는 것의 의미가 무엇이 되어야 하는지에 대한 견해를 새롭게 정립할 필요가 있다.

자연놀이에 대한 우리의 관점을 되돌아보다

점점 훼손되어가는 자연을 바라보며 안타까운 마음에 우리는 어린이들의 교육에서 자연보호를 강조하게 되었다. 그렇다면 우리가 그처럼 지키고자 하는 자연은 무엇이며 무엇을 보호하려고 하는가? 자연은 생물을 의미하는가, 아니면 우리를 포함하여 우리를 둘러싸고 있는 모든 것을 의미하는가? 온전한 형태만 자연이고, 손상되면 자연이 아닌가? 개별 동식물 개체들의 조합이 자연인가, 아니면 개체들이 어우러져 살아가는 이 총체적 시스템이나 상태를 자연이라 하는가? 예를 들어, 동식물이 자연이라면 공기는 자연인가? 또 오염된 공기나 그 안에서 살아가는 도심 속 잔디는 자연이라 할 수 있는가?

과학사나 철학과 연관 지어 인간이 자연을 바라보는 관점은 고대로부터 현대에 이르기까지 변화해 왔다. 간단한 개론서를 통해 자연관의 변천 과정을 살펴보면 그 흐름은 다음과 같이 요약된다. 아리스토텔레스와 같은 고대 철학자들에게 자연은 스스로 생겨나고 성장하며 쇠퇴하고 죽는 것으로, 자연은 인간과 대립적인 개념이라기보다 인간을 포함하는 살아있는 통일체였다고 한다. 그러나 중세에 들어, 신이 초월적 존재로서 인간과 자연을 창조한 것으로 보기 시작하였고 이 사고가 계승된 근대에 이르러 인간은 자연과 분리되고 자연을 지배할 수 있다는 기계론적 자연관이 대두되었다. 인식이 강조된 계몽주의 사상의 대두로, 자연은 실험과 정복의 대상이 되어 자연과학이 발달하였고 이는 인류의 물질적 풍요를 가져다주었지만, 반대급부로 공해가 발생하고 자연이 훼손되는 결과가 생겨난 것이다. 이에 대한 반응으로 현재는 자연을 하나의 살아있는 시스템으로 다시 인식하는 생태학적 운동이 일어나면서 '자연을 지배하는 인간'이 아니라 '자연과 공존하는 인간'을 강조하는 자연관과 실천적 운동이 강화되고 있다. 여기에서 생태계의 요소들이 상호 연관되어 있다는 점을 의식하며 '생태적 감수성' 함양에 우리가 주목하는 것이다.

2-1. 자연을 찾아 어린이와 함께 일상적 환경을 새롭게 바라보다

\ 오늘 나갈 수 있어요?
\ 비를 만난 어린이들
\ 여기는 이제 본부예요
\ 우리들의 비밀 공간 '피닉스'
\ 화산리 마을의 보물지도

자연을 만나 그 특성을 이해하고 자연에서 배우기 위해 우리는 일상과 동떨어진 곳을 찾아 현장 견학을 갈 필요가 있을까? 어린이들에게 매번 새로운 환경, 자극, 사물을 제공해야만 배움이 확장되고 심화된다는 고정관념과 달리, 교사가 열린 마음자세를 갖고 접근하면 평범한 환경도 그 자체로 무궁무진한 놀이의 장이자 배움의 장이 된다. 이것은 배움을 추구하는 학습자가 익숙한 것을 새롭게 보도록 도와야 배움이 깊어진다는 구성주의 교수 원리에 근거한 것이다. 자연친화적 태도를 함양하고 자연에 대한 이해를 깊이하기 위해 자연의 순수 원형을 찾아 특별한 곳이나 특별한 사물을 찾아 헤맨다면, 자연을 만나는 일은 매우 비일상적이 될 것이고 더 나아가 자연의 존재를 우리의 존재와 분리시키는 행위가 될 것이다.

자연에 대한 정보탐구가 궁극적 목적이 아니라면 자연에게서 교훈을 얻고 배움을 넓혀갈 수 있는 기회는 주변에 널려있다. 의외로 도시 한복판이건 전원속이건 우리의 일상적 공간에도 자연은 항상 존재하고, 그 안에는 변화가능성과 예측불가능성이 난무할 수 있다. 우리 주변을 돌아보면 수많은 자연적 특성을 발견할 수 있는데, 그 중 특히 자연의 적응력과 생명력이 두드러진다. 자연은 외력에 순응적이기만 한 것은 아니다. 자연의 궁극적 목적인 생명 유지를 위해서 척박한 환경일수록 자연은 자연 본연의 성질을 더욱 강화하고 감동적 수준의 생존력을 드러낸다. 보도블록이나 계단 틈바구니에서 자란 풀들, 기후가 변화하면 달력의 날짜나 계절 구분을 무시하고 일찍 꽃망울을 드러내어 준비하는 나무들, 짧은 시간에 꽃을 피워 그 본연의 소임을 다하려는 사막의 꽃들이 그것이다.

많은 생물들로 둘러싸여 살다보면 모든 생명 자체가 당연시 여겨질 수도 있다. 그렇지만 어린이들이 확실한 목적을 갖고 주변을 돌아보면 너무 당연하고 익숙해서 배경으로 사라질 수 있던 한 평의 공간, 늘 그곳에 있던 익숙한 나무도 새로운 의미를 가져다준다. 나의 근접 주변을 이해할 시도도 없이 멀리만 내다본다면 우리는 과연 무엇을 얻을 수 있을까? 우리의 폐를 건강하게 만들 목적으로 피톤치드가 가득한 자연을 찾아가는 것만이 목적이 아니라면 얼마든지 우리는 일상적 공간 및 환경에서 자연을 만나고, 자연으로부터 배우며, 자연의 생명력에 감탄할 수도 있다. 많은 자료가 깊은 배움을 가져다주는 것이 아니다. 희귀하기에 더욱 소중하고 더욱 주목할 수 있는 것이다. 그리고 일상적 환경에서 어린이들이 자연과 만나 놀이하게 되면, 좁은 의미의 자연, 화석화된 자연, 일상과 분리된 자연을 다루는 것이 아니라 여러 영역에 걸쳐있는 통합적 경험이 일어날 가능성이 더욱 높아지므로 의미가 풍부해지고 배움의 효과 또한 높아지는 것이다.

오늘 나갈 수 있어요?

만3·4세, 문혜민 교사

새학기의 첫 등원을 울면서 했던 시온이가 '오늘의 대기질 안내판'에 관심을 보이며 울음을 그쳤다. 어떤 것이 시온이의 울음을 그치게 했을까? 매일 색깔이 변하는 판을 붙이고 떼는 과정이 놀잇감을 가지고 노는 것처럼 느껴졌기에 그랬던 것 같다.

시온이가 생각하는 미세먼지에 대해 물어보자, 무채색으로 색칠하거나 검정색을 이용해 그릴 것으로 예측했던 교사의 생각과 다르게 시온이는 알록달록한 무지개 색의 미세먼지를 그렸다. 시온이에게 미세먼지는 유해한 환경이 아닌 다양한 색의 변화가 있는 표시가 아닐까?

오늘 파랑이야?

시온이만의 미세먼지와 관련된 놀이가 점점 더 깊어질 쯤, 주승이에게도 미세먼지 이야기가 시작된다. 바깥 놀이를 다녀온 어느 날 주승이는 교사에게 다가와 미세먼지 이야기를 나눈다.

주승: 선생님, 오늘 미세먼지 오늘 파랑이야?
교사: 같이 찾아볼까?
주승: 파랑이네 하트야! 파랑이라 우리 나간 거야?

주승이는 색 뿐만 아니라 표정을 읽으면서 이야기했다. 특히 하트가 그려진 파랑은 '하트 좋음'으로 부르며 늘 손에 쥐고 다니거나 이 곳 저 곳에 붙였다.

2-1. 자연을 찾아 어린이와 함께 일상적 환경을 새롭게 바라보다

나가면 안 되는 나쁨이야

시온이와 주승이의 관심은 라미반 모든 어린이들을 물들였다. 미세먼지 그림에 표정이 더해졌고 이름을 지을 땐 실외놀이를 나갈 수 있고 없는 우리의 일상과 연결 지어서 생각했다. 그리고 미세먼지는 라미반만의 새로운 이름을 갖게 했다.

시온: 노란색은 조금 나쁨이고 검정색은 엄청 나쁨!
하임: 그건 나가면 안 되는 나쁨이야~
서윤: 그럼 초록은 조금 좋은 보통?!

하트 좋음   하늘 좋음   조금 좋은 보통   조금 나쁨   슬픔 나쁨   화난 나쁨   나가면 안 되는 나쁨

괴물이라서 절대 나가면 안 되는 거야

미세먼지가 우리에게 영향을 주는 중요한 현상으로 받아들여지면서 어린이들은 모여 있을 때, 그것에 대해 이야기를 나누기도 하였다. 미세먼지에 대한 다양한 정보들을 듣게 되면서 미세먼지가 유해한 존재로 인식되었고 '괴물'일 것이라는 가설에 확신을 가지기 시작했다. 친구들, 선생님, 그리고 동생들을 진심으로 걱정하는 모습들도 나타났다.

주승: 오늘 매우 나쁨인거 같은데?
시온: 미세먼지에 걸리면 독감에 걸려가지고 코도 엄청 아파.
주승: 매우 나쁨 안 돼. 슬픔이는 나가는 거 아니야.
      매우 나쁨도 나가면 안 돼.
태민: 마스크 쓰고 나가야 돼.
주승: 검정색도 나가면 안 돼. 무서운 거 맞지?
태민: 응. 맞아.
주승: 검정은 밤에 자꾸 화나는 거야. 마스크를 안 쓰면 괴물이라
      절대 나가면 안 되는 거야.
      (속삭이며) 마스크 써야 돼. 마스크 꼭 써야 돼!

'하트 좋음'이라 밖으로 나가도 돼

2층 실외놀이 공간으로 이동하는 동생들을 발견하자 시온이는 가까이 다가가 동생에게 이야기한다.

시온: 동생들~! 오늘은 하트 좋음이라 밖으로 나가도 돼~!

미세먼지 농도 판을 만지던 시온이와 주승이는 다른 반 선생님이 물어보는 미세먼지 이야기에 빠르게 반응했다.

교사: 오늘은 미세먼지가 어때요?
시온, 주승: (동시에) 오늘은 하트 좋음인데!!

대기질 안내판에서 시작된 관심은 미세먼지 농도를 나타내는 상징에 대한 관심으로 이어졌다.
어린이들은 상징의 색과 표정이 의미하는 것을 읽고 그것이 우리 일상과 밀접한 관계가 있음을
이해하게 되었다. 그리고 그렇게 영향을 주는 존재인 미세먼지가 우리에게 괴물처럼, 병균처럼
유해한 존재일 것이라고 생각하고 있었다. 그렇기에 어린이들은 미세먼지 농도를 민감하게
읽고 빠르게 안내해주었다.
미세먼지가 등장하기 전까지 우리는 대기질에 대해 의식하며 살지 않았다. 공기는 우리에게
당연히 주어진 것이었고 어떤 영향력도 없었다. 그랬던 우리의 삶이 변하기 시작했다. 이제는
실외를 나가기 전에 미세먼지 농도부터 체크한다. 이러한 변화는 그동안 생각해보지 않았던
대기질이 우리의 삶과 밀접하게 연결되어 있었음을 느끼게 한다. 특히 어린이들에게 대기질은
내가 좋아하는 실외놀이를 할 수 있는지 없는지를 결정하는 중요한 요인이 되었다. 결국 자연의
변화가 나에게 영향을 주는 것이다. 나의 일상, 나의 건강, 친구들과 함께하는 즐거움 등.
그렇기에 어린이들은 대기질에 주목하고 민감해질 수밖에 없었을 것이다.

인간의 활동을 중심에 놓고 볼 때 자연은 배경이다. 그런데 자연 속 인간의 과도한
활동으로 인해 인간을 둘러싼 배경, 즉 자연 상태 자체가 변화하고 있다. 자연의 전형적
혹은 온전한 상태만을 추구하는 것이 아니라 '오염되고 변화된 자연'도 돌아보고, 또 다른
자연인 우리 인간이 어떻게 그 안에서 살아야하고 대응해야 할지를 생각해야 할 시점이다.
이제 우리에게 미세먼지는 일상의 한 부분이자 당연한 존재가 되었고 미세먼지가 없는
날이 오히려 특별한 보너스와도 같다. 미세먼지가 가득한 대기 현상은 결코 '자연스럽지'
않고 비자연스러운 현상이지만 이미 우리에게 다가와 있다.

과연 어린이들과 미세먼지를 생각해보는 것이 적절한가? 지금 이 시대를 살아가는
우리나라 대도시의 어린이들은 다른 상황과 시대의 어린이와 달리, 이미 미세먼지에
민감하다. 이제 어린이들은 눈에 보이지 않는 공기와 손에 잡히지 않는 대기의 질, 즉
오염상태를 항상 접하고 의식하게 되었다. 미세먼지는 더 이상 성인의 문제가 아니라
자신이 즐거워하는 야외활동을 방해하는 생활적 요소이다. 어린이들은 공기 오염정도를
표현하는 다양한 상징의 색과 표정에 주목하고 읽어내며 자신 일상과 연결 짓는 시도를
한다. 이처럼 자신과의 연관성이 분명하고 구체적일 때, 어린이들은 자신을 둘러싼 자연의
변화에 대해 고려해 볼 것이라 생각된다. 여기서 미세먼지를 자연 연구의 대상으로
접근하는 것이 아니다. 나의 일상의 즐거움을 방해하는 미세먼지라는 하나의 사건은
어린이들로 하여금 자연의 변화와 자신이 밀접한 관계를 갖고 있다는 점을 생각하도록
만드는 출발점이 되었을 것이다. 자신도 자연이라는 거대 시스템의 한 요소라는 점을
인식시켜준다는 점에서 이 경험은 의미가 있다.

비를 만난 어린이들

만4세, 오재희 교사

사고의 전환

"선생님 오늘 실외활동 나가요?"
"비가 오면 밖에 나가지 못할 수도 있을 것 같아."
"난 비 오는 날 싫어. 오늘 공원에 가고 싶었는데…"
"난 비 오는 날 좋아. 그런데 친구들이랑 같이
 공원에 갈 수 없는 건 조금 속상해요."
"그럼 우리 비가 와도 실외활동 나가보는 건 어때?"
"선생님 그럼 우리 비가 내려도 실외활동 갈 수 있는 거예요?
 비가 빨리 오면 좋겠다."

비가 오면 밖에 나가지 못한다는 생각에 비가 오지 않길 바라던 어린이들이, 비가 오는 날에도 밖에 나갈 수 있다는 말을 들은 뒤부터는 비가 오기만을 기다렸다. 단순히 비가 싫어서 비가 오는 날이 싫은 것이 아닌 '실외활동을 방해하는 비'여서 비 오는 날이 싫다고 말하는 어린이들을 보며, '비 오는 날은 실외활동 나가지 못하는 날'이라는 고정관념을 깨고 어린이들과 함께 비와 마주하는 시간을 가져보기로 했다.

비가 남긴 흔적, 물웅덩이와의 만남

비를 기다리는 마음이 잊힐 때쯤 비가 내렸고 밖으로 나가자 언제 비가 왔냐는 듯 그쳐있었다. 어린이들은 그친 비를 보고 아쉬워하는 것은 잠깐일 뿐 이내 물웅덩이를 발견하고 탐색했다.

"물웅덩이에 얼굴도 보이고, 손도 보여!"
"나뭇잎이랑 아파트도 보여."
(물웅덩이를 바라보는 어린이를 사진 찍고 있는 교사를 보며)
"선생님! 저를 찍지 말고 여기 물웅덩이를 찍어야지요!
 여기 봐 봐요! 제 손 보이죠?"

자신이 아닌 물웅덩이를 찍으라는 어린이의 말 한 마디에 교사인 나의
시선이 어린이가 바라보는 것을 함께 보는 것이 아니라, 무엇인가
탐색하는 어린이의 모습에만 초점을 맞추었던 것은 아닌지 돌아보게
되었다. 그래서 보다 더 어린이가 바라보는 곳에 함께 시선을 두기로
다짐했다. 물웅덩이에 비치는 것들을 살피며 이동하던 중, 우리는
더 큰 물웅덩이와 마주하게 되었다. 누가 먼저랄 것도 없이 물웅덩이
위를 첨벙 첨벙 걷고, 점프하고, 발로 차고, 우산으로 빗물을 막으며
놀이하기 시작했다.

"물웅덩이를 만들었어, 작은 물웅덩이가 생겼어."
"얘들아, 이것 봐. 물 회오리야~"
"우산을 돌리니까 물 팽이 같아! 나도 만들래."
"(물웅덩이를 발로 차며) 물대포 받아라!"
"물대포 우산으로 막자!"
"비 온다! 여기 물웅덩이에 비 떨어져, 이것 봐."

어린이들은 웅덩이에 고인 빗물을 우산에 쓸어 담아 옮기고, 그러다
우산을 돌리며 빗물이 사방으로 튀어 퍼져나가는 것을 들여다보기도
한다. 물웅덩이에 물결이 퍼져 나가는 것을 발견하곤 멈췄던 비가 다시
내리기 시작한 것을 알아채기도 한다.
그만 놀고 들어가자는 교사의 말에 "더 놀고 싶었는데, 아쉽다."
라고 말하며 들어가는 마지막까지도 카펫 위에 물 발자국을 찍으며
돌아섰다. 비가 또 언제 올지 몰라 더 아쉬웠던 것은 아니었을까?
비가 그쳐 탐색이 지속되지 못할 것 같다는 교사의 걱정과는
다르게 어린이들은 물웅덩이를 발견하였고 비가 남긴 흔적 위에서
다양한 탐색을 해갔다. 오히려 비가 그치고 난 후 비가 남긴 흔적이
어린이들에게 비와의 특별한 만남을 가능하게 할 수 있었던 것이다.
교사는 여전히 익숙한 놀이방식에서 벗어나지 못하고 있음을 깨닫게
되며 어린이들의 탐색과정에 귀 기울이는 일이 중요하다는 생각을
다시 하게 되었다.

산책길 쉼터의 처마에 고였다 떨어지는
빗방울을 발견하기도 했다.

"이것 봐! 여기 비 폭포가 있어~"
"우산 대볼래? 우산에 빗물도 받아보자!"

어린이들은 처마에 고였다 세게 떨어지는
빗방울을 한참동안 들여다보며, 내리는 비와
처마에 고였다 떨어지는 빗방울의 다름을
알아갔다. 처마 아래에서 우산을 대어보기도
하고 뒤집어 빗물도 받아보며 다양한 방법으로
놀이해 갔다.

비를 만나며 어린이들은 *"이것 봐! 이것
보세요!"* 라는 말과 함께 자신이 흥미롭게
생각하는 것, 찾은 것, 해낸 것에 대해
적극적으로 표현해 갔다. 그러한 어린이들의
표현이 단순히 자신의 것을 봐주고
칭찬해달라는 것이 아닌 '함께 느끼고 같이
놀이해요' 라는 숨겨진 의미가 담겨있음을
느낀다. 교사는 어린이들과 함께 놀이를
즐기고, 그들에게 협력자, 지원자가 되어
주어야겠다는 생각을 한다.

2-1. 자연을 찾아 어린이와 함께 일상적 환경을 새롭게 바라보다

그토록 기다리던 천둥번개와 함께 비가 내리던 날, 다시 비 이야기를 주고받았다.

"선생님 지금 밤이에요? 밖이 깜깜해요."
"홍수 나서 엘리베이터에 물이 가득 차는 거 아니야?"
"천둥 번개도 쳤어! 언제 전기가 나갈지 몰라."
"번개가 땅에 떨어지면 불이 날 수도 있어."

'내리다 그치는 비'를 마주했던 어린이들은 '천둥번개 치는 비'를 만나고 싶어 했었다. 그러나 천둥번개 치는 비를 직접 마주하고는 아무도 밖으로 나가자고 하지는 않은 채 자연재해를 걱정한다. 어린이들의 모습에 웃음이 나왔다.

생명들과의 특별한 만남

비가 부슬부슬 내리는 날, 한 어린이의 외침에 모두 걸음을 멈춰 섰다.

"어? 매미다!!"
"매미가 뒤집혀있어! 내가 도와줘야겠어!!"
"이제 조금 움직여! 아직 살아 있나 봐."
"사람들이 밟지 않게 위로 올려주자."
"얼른 힘을 내서 하늘로 날아가면 좋겠다."

바닥에 뒤집혀 있는 매미를 발견하고는 안전한 곳으로 옮겨주었다.
조금 더 넓은 곳으로 걸어가다가 이번에는 달팽이를 만났다.

"여기 봐! 달팽이가 떨어져 있어!"
"비가 와서 나왔나?"
"안 움직여. 우리가 빗물을 뿌려줄까?"
"우리가 달팽이를 나뭇잎 위 친구 달팽이가 있는 곳으로 옮겨주자!"

비 오는 날 산책길에서 매미, 달팽이와 특별한
만남을 하게 되었고, 어린이들은 자연에서 함께
살아가는 생명에도 관심을 갖고 소중히 여겼다.

2-1. 자연을 찾아 어린이와 함께 일상적 환경을 새롭게 바라보다

자연과의 관계맺음

왜 비 오는 날은 실외활동을 하지 못하는 날이라고 생각했을까? 고정관념을 깨고 생각을 전환하자 어린이들은 비를 만나는 즐거운 경험을 하게 되었다. 한편으론 '비에 나쁜 성분이 섞여 있으면 어쩌지?', '어린이들이 감기에 걸리면?', '빗물에 미끄러져 다치면?'이라는 걱정이 앞서기도 했다. 그러나 비를 만나 새롭게 들여다보고, 발견하고, 실험하는 어린이들을 보며 그들이 얼마나 즐기고 몰입하고 있는지를 알게 되니 교사도 이 상황들을 즐길 수밖에 없었다. 비 오는 날 어린이들은 함께 비를 만나 놀이했고 비가 내리지 않는 날에도 비 이야기가 이어지며 비를 기다렸다. 어린이들의 비에 대한 경험이 비에 대한 상상으로 이어지며 다양한 방법으로 비와 관계 맺는 모습을 볼 수 있었다.

어린이들에게 자유롭게 탐색할 수 있는 환경을 제공하는 것, 어린이의 시선을 따라가며 그들에게 귀 기울이는 것, 그래서 어린이들이 새롭게 바라보기 시작하고 마음껏 탐색과 실험을 하며 몰입할 수 있도록 하는 것이야말로 진정으로 의미 있는 교육이 아닐까 생각해 본다.

비가 내리는 어린이집 주변 상황은 더 이상 '바깥놀이에 적합지 않은' 혹은 '자연을 탐구하기에 불편한' 환경이 아니었다. 교사가 관점을 바꾸어 흔치 않은 기회를 제공하자 무궁무진한 놀이가 발생되었다. 여기서 어린이들을 사로잡는 것은 '비'라는 자연 탐구대상이 아니라 다양한 맥락과 관계 안에서 비가 오는 일, 즉 '비가 내리는 사건'이다. 비가 오면 주변 환경의 모든 것이 변화하기 때문에 익숙한 주변 풍경을 새로운 렌즈로 만나도록 해준다. 매일 보던 풀과 길이 달라 보이고, 비에 반응하여 출몰하는 생명체가 달라진다. 또 비에 젖어있던 장소에 해가 비추자 발견되는 현상이 달라지고, 분위기도 바뀐다. 이처럼 모든 것은 서로가 연결되어 있다.

자연의 여러 요소가 만나서 생겨나는 가변적이고 복합적인 상황에 어린이가 등장하면 또 다른 가능성이 생겨난다. 물과 아스팔트가 만날 때 생긴 물웅덩이와 물과 흙이 만나서 생긴 진흙탕 물웅덩이의 모양과 색이 다르지만, 그 상황 안에서 어린이가 해 볼 수 있는 놀이도 달라진다. 비가 내리는 것이 이젠 장애가 아니라 즐거움과 호기심의 출처가 되었다. 일상 중 비가 오는 날 어린이집 주변을 나가보는 시도는 어린이들에게 자연의 다양한 요소들이 서로가 서로에게 영향을 주는 다채로운 경험을 가져다줄 뿐 아니라, 이전에 주목하지 못하던 것에 주목하도록 만들기도 한다. 어린이들이 친환경론자로 거듭나기 위해 멋지고 울창한 숲이나 식물원을 찾아갈 필요도 없으며, 교훈적 메시지를 전달하는 정제된 '자연놀이' 활동이 필요한 것도 아니다. 그야말로 '자연스럽게' 주변에서 일어나는 자연 현상과 그 변화에 주목하면, 어린이들이 주도하는 놀이 안에서 통상적 자연 교과영역을 넘어서는 통합교과적 배움이 일어남을 볼 수 있다.

여기는 이제 본부예요

만5세, 김예린 교사

4월, 생활주제인 '봄과 동식물'과 연계해 인근 공원으로 봄 소풍과 바깥 놀이를 계획하였다. 실외로 나간 어린이들은 어떤 놀이를 할까? 봄에 볼 수 있는 꽃과 나무, 곤충 등에 어린이들이 많은 관심을 보일 것 같다는 교사의 예상과는 달리 어린이들은 땅에 떨어진 솔방울, 나뭇가지, 돌멩이 등에 관심을 보였고 주운 자연물들을 한 곳에 모아놓는 일에 재미를 느꼈다.

그렇게 자연물들을 모아 놓은 곳을 어린이들은 '본부'라고 불렀다. 어린이들은 작은 언덕에 올라와 함께 모여 본부를 만들기 시작했다. 본부를 만드는 어린이들의 움직임은 더욱 커져서 점점 다양한 본부가 만들어지기 시작했다. 어린이들이 자연을 어떻게 만났고 어떤 것들이 떠올랐는지 본부의 이름을 통해 알 수 있었다.

처음 만들었던 본부는 '그냥 본부', 공룡 알을 닮은 돌멩이가 많은 본부는 '공룡알 본부', 그루터기를 파서 자연물을 숨길 수 있는 곳은 '비밀 본부'라는 이름으로 어린이들 사이에서 불려졌다. 본부에 대한 어린이들의 몰입은 오래 지속되었고 어린이들의 놀이에 동생들이 관심을 가져 변형된 동생들의 새로운 놀이가 생기기도 했다.

그냥 본부   공룡알 본부   비밀 본부

본부? 어린이들에게 본부란 어떤 의미일까? 자연이라는 공간 속에 왜 본부를 세우고자 하는 걸까? 어느 순간부터 밖에 나가는 시간이 되면 어린이들 사이에서 유행어처럼 불리던 본부에 대해 교사는 다시 생각해보게 되었다. 어린이들에게 본부란, '우리들만의 공간'이 아니었을까? 어린이들 각자에게 잠재되어 있던 자연을 향한 관심이 함께하고자 하는 의지로 드러나게 된 것은 아닐까? 또한 실내가 아닌 자연이라는 공간이 주는 자유롭고 특별한 느낌에서 비롯된 움직임은 아니었을까?

비밀 본부를 찾아서

어린이들의 본부가 만들어지는 공간은 누구에게나 개방된 공간이었다. 그래서 동생들의 호기심 어린 방문과 공원 관리하시는 분들의 손길 등의 여러 가지 이유로 본부는 거듭 사라지거나 무너졌고 바깥 놀이 시간에 무너진 본부를 만날 때마다 어린이들은 실망하였다.

희준: 에이… 본부가 죽었잖아!
현민: 선생님, 진짜 비밀 본부가 죽었어요.
한울: 아… 동생들이 다 부셔버렸어요….
교사: 그럼 동생들이 못 찾는 비밀 장소를 찾는 건 어때?
한울: 비밀의 방처럼요?
교사: 맞아! 동생들은 모르고 우리만 알고 있는 거지~
준상: 아싸! 그럼 이제 안 망가지겠다~~
윤찬: 그럼 놀이터 뒤에 거기는 어때?
　　　거기는 아무도 모를 거야~

"그럼 동생들이 못 찾는 비밀 장소를 찾는 건 어때?"
교사의 제안은 어린이들의 실망을 새로운 기대감으로
바뀌게 해주었다. 어떤 장소를 발견할 수 있을까?
어린이들의 의견에 따라 본부가 될 만한 곳을 찾아
사진으로 찍고, 서로의 생각을 모아 함께 결정하기로
하였다.

비밀 본부를 결정하는 것만큼이나 중요한 것이 '비밀 본부를 찾아가는 과정에서 어린이들이 만날 자연'이었기에 어린이들이 자연을 어떻게 들여다보며 무엇을 들여다볼지 교사 또한 기대되었고 자연의 고유함과 비밀스러움, 예상 밖에 보여 지는 특별한 느낌 등을 마주하길 바라며 우리만의 특별한 비밀 본부를 찾아 나섰다.

교사: 우리 비밀 본부 찾으러 어느 쪽으로 가볼까?
한울: 놀이터요! 제가 지금 생각 난 데가 있어요!!
교사: 다른 친구들도 놀이터 가는 거 괜찮아?
윤찬, 준상: 네! 좋아요~
희준: 나도 사진 많이 찍을래!

긴 시간동안 어린이들이 비밀 본부를 찾는 시간을 가졌다. 바깥 놀이를 가는 길에, 혹은 주말 동안 떠오른 곳을 방문하여 사진 촬영을 하였다. 사진 촬영을 여러 차례 반복하며 어린이들은 자신들이 담고 싶은 공간을 찍기 시작했다. 어린이들과 사진을 보며 자신들이 바라본 자연과 본부가 되어야하는 이유를 이야기하는 시간이 마련되었다.

"벽돌이 많은 데는 어때요? 우리 본부가 잘 숨겨질 수 있어서?"
"근데 저기는 엄청 좁아서 힘들 거 같은데….
 나는 내려가는 데가 좋을 거 같아.
 왜냐면 어~ 그늘도 있고, 시원하고 동생들이
 잘 알지도 못 할 거 같아!"
"나는 내가 찍은 데가 하고 싶어. 곤충도 잘 볼 수 있고
 나무도 엄청 많잖아!"
"그럼 내가 찍은 데는 어때? 거기는 내리막길이라서 동생들이 가면
 안 되는 곳일 거 같아! 그리고 한 번도 아무도 안 가서
 (동생들에게 들키지 않아서) 안전할 것 같아!"
"난 돌 많은 데가 좋아. 저기에 돌이 많고 동생들이 못 들어오니까."
"그리고 나무가 많으면 나뭇가지가 많으니까 나무가 많은데요."
"그러면 깜깜해서 안 들키겠다!"
"나는 곤충이 많은 데랑 솔방울 많은 데가 좋아요!"

'비밀 본부 지도'를 만들어 다시 찾아가보며 더욱 비밀스러운 비밀 본부를 선정하는 데에 오랜 시간이 걸렸다. 그 동안 어린이들은 고민을 거듭하였고 어린이들에게서 교사는 예상하지 못한 집중과 몰입을 볼 수 있었다. 어린이들에게 있어 '본부'는 교사가 상상한 것 이상의 특별한 놀이이자 소중한 존재가 아니었을까?

이후 어린이들과의 협의를 통하여 새로운 비밀 본부가 결정되었다. 다른 비밀 본부의 후보들보다 먼 거리에 위치해 있어 염려했던 교사의 생각과는 달리 어린이들은 *"그러니까 동생들이 못 오잖아요!"* 라며 만족해했다. 그 곳은 높은 나무가 많아 햇빛을 가려주어 어두웠고 솔방울, 나뭇가지, 작은 열매와 같은 자연물이 많아 어린이들이 원하는 비밀 본부의 조건에 부합한 장소였던 것이다.

우리가 찾은 비밀 본부에서

지금 어린이들은 새로운 비밀 본부를 충분히 탐색하며 그 공간과 친해지는 과정 중에 있다. 우리들만이 마음껏 누릴 수 있는 그 곳에는 어떤 자연물이 있는지 살펴보고 자주 경험하지 못한 자연물을 발견할 때는 함께 기뻐하며 우리만의 새로운 놀이를 만들어가고 있다.

어린이들은 초반의 본부 놀이를 떠올리며 솔방울을 모아 본부를 세우기도 하고 나뭇가지를 쌓아 마치 새의 둥지처럼 만들기도 한다. 또 어느 날은 바닥에 떨어진 보라색 열매를 주워 심어보기도 하고, 근처 놀이터에서 놀이하고 있는 다른 또래들의 모습을 보고 물웅덩이를 만들어 함정 본부를 만들기도 하였다.

어린이들이 의미 있게 바라본 이 공간에서 자연과 소통하는 과정이 아닐까? 교사는 어린이들의 고민, 생각이 모여 결정된 본부인만큼 이 곳에서의 주도권을 어린이들에게 온전히 맡기고자 한다. 어린이들의 비밀 본부에서의 새로운 이야기가 기다려지고 기대가 된다.

지난 시간들을 되돌아보며 본부놀이 이전에 어린이들은 자연을 마음껏 뛰어 놀 수 있는 그저 넓은 곳이라고 생각했던 반면 지금은 자연이란 공간을 다르게 느끼고 있는 것 같다. 본부가 될 수 있는 장소의 조건을 설정하고 적합한 장소를 찾으며 눈 여겨 보지 않았던 자연의 구체적인 모습들을 들여다보는 시간을 통해 그들은 스쳐지나갈 수 있는 자연을 자세히 들여다보며 자연이 주는 공간마다의 특별한 시각을 갖게 되지 않았을까?
또한 자연이 주는 편안함과 자유로움이 어린이들에게 매력적으로 다가왔을 것이고 이 즐거움이 어린이들로 하여금 지속적인 관심을 갖고 주도적으로 놀이를 이끌어가게 할 수 있었다고 생각한다. 보라열매반의 본부 놀이는 새로운 길로 달려가고 있다. 지금의 본부가 갖고 있는 환경과 특성을 활용해 어떤 재미있고 의미 있는 이야기들로 채워갈지 궁금해진다.

인근 공원으로 바깥놀이를 나간 어린이들은 교사의 예상이나 기대와 달리, 하나의 뚜렷한 사물이나 생물에 주목하기보다 사소해 보이는 자연물들을 모으며 '본부'를 차리고 여러 장소를 옮겨 다니며 집중하지 못하는 모습을 보인다. 놀이에 대한 고정관념에 사로잡혀있는 교육자들은 특정 현상이나 사물, 즉 ○○에 관한 놀이나 활동이 일어날 때 의미 있는 학습이 일어난다고 믿는다. 그런 교사들에게 위 사례 어린이들의 행동은 시시하고 무의미해 보이기까지 한다. 물론 교사의 예상처럼, 앞으로 내용이 분명한 본격적인 본부놀이가 시작될 수도 있고 우리가 예상치 못한 새로운 길로 전개되어 나갈 수도 있다. 그렇다면 이제껏 어린이들이 해온 '놀이'는 과연 자연놀이라 할 수 있는가? 어린이들이 이처럼 헤매는 과정에서 일어나는 배움이 있을까?

이 사례의 어린이들은 하나의 사물이 아니라 자연의 흔적들이 흩어져 있는 소박하고 빈약한 도심 속 녹지 공간에 관심을 갖는다. 교사의 해석처럼, 어린이들은 교실 밖 '자신들만의 공간'을 확보해 나가려는 의도를 갖고 있는 듯하다. 성인과 다르지만 어린이들은 나름의 의도를 구현하기 위해 자연을 만나고 있다. 어린이가 의도를 지니고 있다는 것은 주체로서 경험, 즉 진정한 놀이가 일어나고 있다는 것이다. 어린이들이 그간 살펴본 공간들은 어린이들의 의도에 부합되기도 하고 아닐 수도 있다. 어린이들은 자신에게 정서적 만족감과 구심점을 제공할 그들만의 '본부'의 장소 선정 과정에서 자연의 다양한 요소를 만나고 지형적 특징에 주목하며 주변 자연을 눈여겨 보았을 것이다. 일상 속 주변 환경을 새롭게 의식하며 그 안에 스며들어 마음을 붙여 보려는 어린이들은 자연을 다른 관점에서 알아가게 되었을 것이다.

여기는 이제 본부예요

우리들의 비밀 공간 '피닉스'

만4·5세, 임화정·이유정 교사

서연: (주머니 속에서 돌 하나 꺼내 보이며) 선생님~ 이거 예쁜 돌이에요.
　　 아까 저기서 많이 찾았어요. 엄마한테 보여 줄 거예요.
도현: 선생님~ 저도 예쁜 돌 많이 찾았어요.
진규: 선생님~ 저도 공벌레 찾았어요. 이거 교실에 가져가요.
도현: 선생님 저도 이거 가져가고 싶었어요. 이거 보물이에요.

이른 봄, 바깥놀이를 하던 서연이의 점퍼 양쪽 주머니에 돌멩이가 가득 들어있다. 다른 어린이들의 양손에도 자연물이 가득이다. 어린이들은 자연물을 교실로, 집으로 가져가고 싶어 했다. 그러나 교사는 자연물을 교실로 가져왔을 때 관리하는데 어려움이 있고, 가정으로 보내기에도 부담스러워 어린이들에게 쉽게 허락할 수 없었다.

교사: 선생님은 너희들이 찾은 보물을 교실로 가져갔을 때 소중하게 잘 돌볼 자신이 없어.
　　 그리고 솔직히 교실이 너무 지저분해 질 것 같아. 어떻게 하면 좋을까?
진규: 선생님. (공벌레) 통 속에 넣어서 잘 키우면 돼요. 그럼 안 나와요.
유준: (자신이 들고 있던 나무막대기를 보이며) 선생님~ 이거 우리가 숨기자요~
　　 우리가 여기에 숨겨둬요~ 그럼 다음에 와도 있잖아요.
어린이들 : 네! 맞아요. 좋아요~ 숨겨요.

자연물을 교실로 가져오기 부담스러워하는 교사의 의견을 어린이들에게 솔직하게 전했을 때 어린이들은 교사의 마음을 받아들이고, 교사와 어린이들 모두가 원하는 지점을 찾아가고자 했다. 그렇게 어린이들이 모은 자연물을 실외에 숨겨두기로 하면서 '자연물을 숨길 수 있는 장소 찾기'가 시작되었다.

피닉스 공간
아산경찰서어린이집
평소 다녔던 자연공간 (숲과 잔디광장) ○

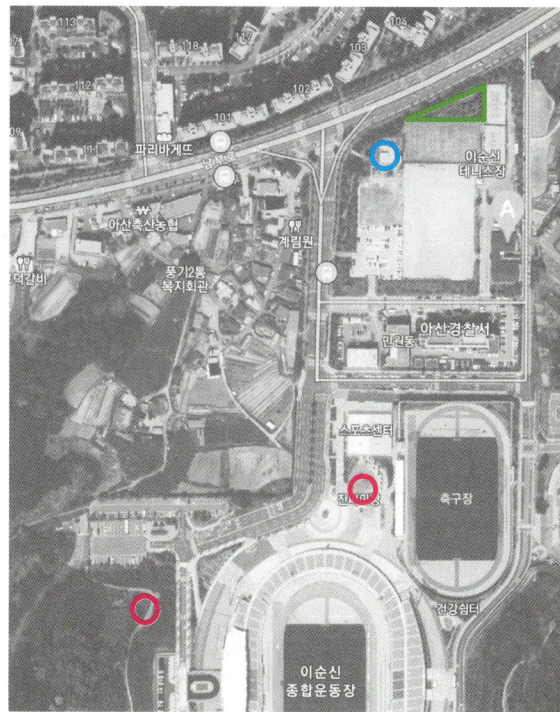

어린이들은 어린이집 주변을 탐색해 가면서 어린이집 개원 3년이 되도록 교사도 어린이들도 단 한 번도 가보지 않았던 곳에 관심을 갖기 시작했다. 어린이집 건물 뒤였지만 좁고 풀이 우거져 어둡고 침침한 곳이었기에 그동안 아무도 가볼 생각조차 하지 않았었는데 자연물을 숨기는 장소를 찾다보니, 오히려 '좁고 풀이 우거져 어둡고 침침해서 아무도 가지 않는 곳'이 어린이들의 눈에 띄었던 것 같다. 자연물을 숨기는 장소 찾기라는 목표가 생기면서 미지의 공간에 대한 탐색과 도전을 하게 되고 그렇게 어린이들의 탐험이 시작되었다.

'피닉스'와 '해솔나무'

자연물을 숨기기 좋은 장소를 찾기 위해 '좁고 풀이 우거져 어둡고 침침해서 아무도 가지 않았던 곳'을 헤치고 나아가보니 우리가 예상했던 것과 달리 제법 넓은 공간을 마주하게 되었다.

어린이들은 그 공간에서 이제 막 꽃이 피기 시작한 목련 나무 아래에 자신들이 보물이라고 하는 자연물들을 놓아두기 시작했다.

도현: 여기는 비밀 장소예요. 이름이 없어서 비밀 장소라고 그래요.
교사: 이름이 없어서 그냥 비밀 장소구나.
도현: 네, 맞아요.
수진: 아니에요, 선생님.
　　　여기 비밀 장소는 해솔반이 함께해서 해솔 비밀 장소예요.
진아: 네. 여기는 해솔 비밀 장소예요.

비밀 장소를 발견한 후 어린이들은 매일 이 공간에 가서 놀기 시작했다.
매일 찾는 이 비밀 공간의 이름을 지을 필요가 있다는 생각을 하게 되었다.

교사: 우리가 찾았던 비밀 장소 이름을 지어보면 어때?
도현: 터닝메카드요~
진규: 아니야! 에반하자~ 에반이요. 에반이 똑똑해요.
은후: 아니~ 피닉스해요. 피닉스는 불사조예요!
세연: 나도 피닉스 하고 싶다.
민서: 선생님~ 쥬쥬해요~
수진: 샤샤~ 민서야 우리 샤샤하자~

여러 의견들 중 '피닉스'라는 이름이 지어졌다. 비밀 공간에 이름을 짓고 나자 어린이들은
보물(자연물)을 모아 놓는 목련나무에도 이름을 짓기 시작했다.

수진: 선생님! 그럼 이거 해솔나무라고 해요.
교사: 해솔나무?
도현: 네! 우리는 해솔반이잖아요.
수진: 네! 우리 이거 해솔나무 해요.

이른 봄이라 가지만 있던 나무들과 다르게 '해솔나무'라고 이름 붙여진 이 나무에만 목련꽃
몽우리가 피기 시작하고 있었고, 이 목련나무 주변이 유독 작은 나무들로 울타리가 쳐져
있었기에 보물을 숨기기에 좋다는 생각을 했던 것 같다. 그리고 보물(자연물)들은 해솔반인
우리의 것이라는 것을 강조하고 싶은 어린이들의 마음을 담아 해솔나무라고 부르는 것 같다.
비밀 공간에 '피닉스'라는 이름이 붙여지고, 보물을 모아 놓는 나무에 '해솔나무'라는 이름이
붙여지면서 이 공간은 어린이들에게 더욱 특별해져 갔다.

'소리나무'

비밀 공간 '피닉스'로 이동하는 길에 용도를 알 수 없는 철 기둥 하나가 땅에 박혀있었다. 그곳을 지날 때면 어린이들은 손이나 돌, 나뭇가지 등으로 철 기둥을 두드리며 지나갔다. 언제부터였을까? 누가 먼저 시작했을까? 어떻게 두드리게 되었을까?

교사: 얘들아~ 이건 왜 두드려 보는 거야?
도영: (돌멩이로 철 기둥을 두드리며) 이건 이렇게 하면 소리가 나요.
유준: (함께 철 기둥을 두드리며) 선생님 이건 소리나무예요.
교사: 소리나무?
유준: 네! 이건 소리나무예요. 여기에서는 이렇게 소리가 나요.

나무가 아닌 철 기둥임에도 어린이들은 '소리나무'라는 이름을 지어주었다. 철 기둥을 두드리며 "소리나무 안녕.", "소리나무 또 올게." 하고 지나갔다. 특이하게도 피닉스라는 비밀 공간에는 많은 나무들이 있음에도 살아있는 생명체가 아닌 철 기둥인 소리나무에게만 유일하게 말을 걸고 인사를 나눴다. 어린이들은 대상의 특성을 이해해 가면서 그에 맞게 소통해 가고 있는 것 같았다. 그들의 능력에 다시금 놀라게 되는 순간이었다.

비밀 공간으로 가기 위해 지나가는 길에서조차 어린이들은 그냥 지나치고 있지 않았다. 오감을 활용하여 끊임없이 탐색과 실험을 해가고 있었던 것이다. 어린이들이 계속해서 소리를 즐기고 있기에 좀 더 다양한 소리를 만나 탐색하고 몰입할 수 있도록 지원해 주기로 했다. 학부모와 어린이집 직원들의 도움을 받아 비밀 공간으로 가는 길목의 나무와 나무를 연결하여 소리를 낼 수 있는 다양한 물건들을 매달아 주고, 어린이들은 이 길을 지날 때마다 두드리며 다양한 소리를 만나갔다. 어린이들이 비밀 공간으로 가는 길에서 만난 또 하나의 즐거움이었다.

'미로나무'

언젠가부터 비밀 공간 안의 나무가 모여 있는 한 공간을 어린이들이 '미로나무'라고 부르고 있었다. 언제부터였지? 왜 미로나무라고 하는 거지? 궁금함에 메이트 교사와 협의하는 과정에서 그 배경을 찾아보게 되었다. 어린이들이 봄에 세계 꽃박람회 견학을 다녀오던 버스 안에서 *"미로 정원이 피닉스에도 있었으면 좋겠다."*라는 이야기를 나누던 것을 흘려들었었는데, 그 이후 견학지에서 본 미로 숲과 모습이 비슷한 이 공간을 '미로나무'라 부르기 시작한 것은 아닌지 유추해 볼 수 있었다.

'미로나무' 공간에서는 어린이들이 좀 더 다양하게 놀이해 갔다. 나무와 나무 사이를 오고 가며 미로놀이를 하기도 하고, 서로 숨고 찾으며 숨바꼭질을 하기도 하고, 나무 그늘 아래에 모여 앉아 휴식을 취하기도 했다. 때로는 자신들의 보물(자연물)을 숨기기도 해서 해솔반의 비밀 공간이 '피닉스'라면 개인의 비밀 공간은 '미로나무'이기도 했다.

숨고

찾고

휴식하며

비밀 공간으로

영원히 죽지 않는 불사조, '피닉스'

어린이들은 매일매일 비밀 공간인 '피닉스'를 찾아 놀이했고, 그들에게 이 공간은 너무도 특별하고 소중한 공간이 되어갔다. 이 공간에 대한 학부모들의 관심도 커져갔기에 학부모 간담회를 통해 어린이들의 비밀 공간과 그 공간에서의 놀이를 함께 공유하게 되었다. 그 이후 한 부모님께서 피닉스 공간에 상징물로 놓아두면 좋겠다며 피닉스 장난감을 구입하여 보내주셨고, 어린이들의 반응도 폭발적이었다.

교사: 터닝메카드에 주인공은 에반인데 왜? 비밀 장소를 피닉스라고 한 거야?
도현: 피닉스는 피닉스에요. 그리고 엄청 빨라요.
진규: 아니야! **피닉스는 불사조야! 영원히 죽지 않아!**
은후: 맞아요! 땅은 죽지 않아요. 그래서 계속할 거예요~
세연: 피닉스는 매일 매일 가요. 난 메뚜기 찾을 거야!
태윤: 선생님! 난 피닉스에 계속 계속 갈 거예요.

부모님이 보내주신 피닉스 장난감을 비밀 공간에 걸어두면서 이 공간의 이름을 '피닉스'라고 하게 된 이유에 대해 다시 이야기를 나눠보게 되었다. 사실 자연과도 어울리지 않는 이름이었기에 늘 부르면서도 어색하기도 하고 이해하기 어렵기도 했다. 그런데 어린이들과 이야기를 나눠보며 '피닉스'에는 '영원히 죽지 않는 불사조'라는 의미가 있음을 알게 되었다. 어린이들은 처음 이름을 지을 때부터 우리의 비밀 장소에 영원함을 담고 있었던 걸까? 어쩌면 이름을 짓는 순간부터 그 대상에 의미를 부여하게 되고, 관계 맺기가 시작되는 것은 아닐까 생각해 본다. 그 이름의 의미처럼 어린이들은 계속해서 이 공간을 찾아갔고, 앞으로도 계속 갈 거라 기대한다.

'피닉스'라는 비밀 공간에서의 놀이는 자연물을 숨기기 위해 비밀 공간을 찾는 것에서부터 시작되었다. 사실 그동안은 자연 놀이를 하기 위해 잘 정돈된 공원으로 갔다. 20분 이상을 걸어가야 했지만 그걸 당연하게 생각했다. 어린이집 공간 뒤쪽임에도 풀이 우거져있어 외지고 위험해 보인다는 교사의 선입견이 있었기에 가까이 가보지도 않았다.

그러나 외지고 위험해 보이는 공간이 오히려 자연물을 숨기기 위한 비밀 공간으로 안성맞춤이었던 것이다. 이 특별한 목적이 어린이들에게 도전하게 했고, 새로운 공간을 만나 탐색하고 발견하며 그들만의 특별한 의미를 담아갈 수 있게 되었다. 그리고 교사의 선입견이 무너지는 과정이기도 했다. 어린이들은 비밀 공간에서 함께 놀이하며 다양한 자연물을 만나갔다. 그 자연물들이 특별해지는 순간 보물이 되어 해솔나무 아래 모아졌고, 다양한 이야기를 나누고 놀이를 만들어 가게 되었다.

"선생님, 제 바구니 보세요. 얘네들 핫가족이에요. 아빠가 없어서 아빠 찾으러 가야 해요. 핫가족이라서요."

"다른 벌레들이 많아요. 공벌레, 개미, 쇠똥구리 새끼요. 얘네들은 다 소년소녀 가장이에요. 엄마아빠가 없고, 다 혼자서 살아요. 자기들끼리 같이 사는 거예요. 그래서 소년소녀 가장이에요. 응~ 내가 음식도 넣어 줬어요."

교실 안에서 나누고 있는 이야기가 비밀 공간에서 어린이들의 놀이에 연결되어져 가는 것을 보며 어린이들의 놀이가 안과 밖의 경계를 넘나들고 있다는 것을 알 수 있었다. 마음껏 뛰어다니다가도 걸음을 멈추고 들여다보기를 하며 다양한 생명체들을 새롭게 발견해 가고 상상하며 재미있는 상황들을 만들어 놀이해 갔다. 벚꽃나무에 열린 버찌를 따기 위해 던진 바구니가 나무에 걸리면서 그 바구니를 찾기 위해 어린이들은 한참을 몰입하기도 했다. 다양한 시도를 해보고, 함께 문제를 해결해 가는 과정에서 서로 도와가며 협력해 갔다. 자연에 존재하는 많은 것들에 여유로운 마음을 갖게 되니 욕심내고 다투기보다 서로 나누고 배려하며 협력하게 되는 건지도 모르겠다. 어린이들은 자연에서 많은 것들을 발견, 탐색해 갔고, 놀이하는 즐거움이 더 커져갔다.

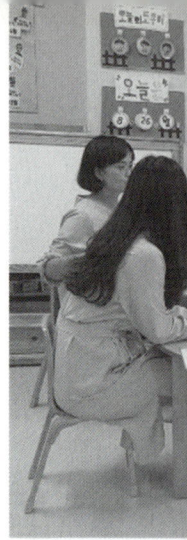

뿐만 아니라 이 비밀 공간을 학부모와 공유하면서 적극적으로 그들의 지지, 지원을 받을 수 있게 되었다. 사실 교사에게 어린이들의 안전은 가장 중요한 부분이기에 위험요소가 가득한 자연 속에서의 놀이는 부담스러운 부분이기도 했었다. 그러나 부모들의 지지를 받게 되면서 이 문제도 부모와 함께 소통하며 해결해 갈 수 있게 되었다. 점점 벌레에 물리는 일이 많아지자 팔토시를 하고 나가는 등, 위험하기에 나갈 수 없는 것이 아니라 위험 속에서 자신을 지킬 수 있는 방법을 고민하며 계속해서 자연 속에서 놀이해 갈 수 있었다.

가까이 있었음에도 위험해서 갈 수 없다고 생각했던 선입견이 무너지고 새롭게 도전하면서 만나게 된 이 비밀의 공간이 '피닉스'라는 이름이 갖고 있는 '영원히 죽지 않는다'는 의미처럼 이제는 비밀의 공간이 아니라 교사, 학부모, 그리고 어린이집의 모든 어린이와 함께 계속해서 공유되는 특별한 놀이 공간으로 되어갈 것이다.

어린이들의 의도인 '자연물을 숨길 장소'라는 것이 이 모든 여정의 출발점이 되었다. 어린이들에게는 매우 진지한 탐구이자 놀이가 되어 자신들이 무엇을 어디서 놀이할 것인지를 결정해 나간다. 특히 자신들이 찾아낸 공간이라는 점과 불사조라는 자신들에게 통하는 이름이 이들에게는 강한 동기를 유발시켜 이리도 즐거운 것 같다. 어린이들의 마음을 부모들과 공유하자, 부모들은 그에 부응하여 피닉스 장난감도 보내주시고, 안전에 대한 우려를 하기보다 능동적 대처방안으로 팔 토시도 보내주신다. 어린이들은 그 안에서 서로 돕고, 함께함을 소중히 하며 이 공간이 영원히 존재하기를 바란다. 물론 이 공간의 쓰임은 해가 바뀌면 다른 어린이들이 다른 방식으로 접수하여 달라지겠지만 그 안에서 있었던 경험과 희열은 이 집단 어린이들의 기억과 마음 안에 영원할 것이다.

위 사례에서 가장 신선한 것은 어린이와 교사 모두에게 주변을 다시 보게 만들었고 쓰이지 않던 공간을 활용하여 교육환경을 확장시켰다는 점이다. 자연과 관련된 놀이를 이끌어내기 위해서 교사가 안전과 온전한 경험을 위해 20분 이상 떨어진 공원을 고집하는 대신, 어린이들의 놀이 속 목표를 존중하고 그들이 적합한 장소 탐색의 주체가 되도록 허용한 결과, 이전에는 있었지만 버려졌던 공간을 모두가 새롭게 '발견'하게 된 것이다. 또한 주목할 것은 통상적으로 자연 학습만을 위해 준비된 자연놀이와 달리 필연적으로 통합적 경험이 생겨났다는 점이다. 어린이들이 놀이하다 발견한 쇠 파이프의 소리탐색, 벚나무에 걸린 바구니를 회수하기 위한 협력적 문제 해결, 매우 비자연적이고 반교육적이라 볼 수도 있는 피닉스라는 상업적인 장난감을 도입하면서 얻게 된 부모들의 공감대와 지원은 교사가 의도적으로 준비해도 쉽게 얻을 수 없는 것들이다. 어린이도 부모도 과연 이것이 자연탐구에 적합하고 교육적인지를 고민하지 않고 당연한 것으로 받아들였다. 우리가 경험을 인위적으로 조정하고 구분하기를 잠시 유보한다면, 성인으로서의 삶이나 어린이들의 경험은 이처럼 통합적으로 이어지고 더욱 풍요로워질 수 있음을 발견할 수 있었다.

2-1. 자연을 찾아 어린이와 함께 일상적 환경을 새롭게 바라보다

👤 전서희 알림장

선생님 서희 어제 발목이 자꾸 더 붓는것 같아 병원 갔었거든요 의사선생님이 주사맞고 약 먹어야 겠다고해서 주사맞고 왔어요 오늘 아침에 보니 많이 가라 앉았어요 당분간 서희 피닉스 가는건 피하는게 좋을것 같아요ㅠㅠ 오늘도 수고하셔요^^;;

해솔반 이유정 교사 6.13 오전 8:52

아이쿵,, 그랬군요 어머님ㅜㅜ 확인합니다! 오늘도 컨디션 계속 살펴보겠습니다 🍵 오늘도 화이팅하세요! 💪

2-2. 자연과 만나는 어린이의 다양한 경로를 존중하다

\ 감각을 일깨우는 자연의 힘
\ 창문을 두드리며 다가간 자연
\ 친구, '벗(友)'찌를 만나다
\ 자연을 '코로 만나다'

어린이들이 자연을 만나게 되는 경로는 미리 정할 수 없다. 일단 자연 속으로 직접 나가거나 자연물을 교실로 들여오고 전문가의 도움을 받아 친환경적 활동을 만들어 제공하는 것만이 가장 확실하고 효과적인 길은 아니다. 접근성과 편리성 외에도 자연을 만나는 맥락, 방식, 시점도 고려되어야 한다. 우리가 아무리 바람직한 목표나 방향을 세워도 어린이들이 자신의 계획으로 받아들이지 않으면 모든 경험은 의미가 적어진다. 교사가 자연 탐구를 마음에 두고 있다고 해서 좁은 목표를 갖고 성급히 선택하고 직진하며 어린이들을 그 방향으로 빠르게 몰아가서는 안 된다. 교사의 교육적 기대는 염두에 두지만 약간 유보한 채, 어린이들을 관찰하다보면 나름 교사의 기대와 연결될 가능성이 있는 고리를 발견하게 된다.

종종 어린이들이 시작한 경험의 의미는 당시에는 누구에게도 분명하지 않지만 향후 다양한 방향으로 발전될 수 있다. 교사가 창밖을 내다보는 어린이들의 자연에 대한 흥미와 마음자세를 어느 정도 확인하고 제안 한다면, 교사의 제안을 어린이들은 곧바로 받아들일 것이고 교사 역시 이 반응에 힘입어 경험은 오히려 순식간에 발전할 수 있다. 어린이로부터 시작된 경험에서는 그들이 놀이 주체가 될 확률이 높아지면서 그들만의 목표의식이 발동되기 때문이다. 우리는 그들의 목표를 인정하고 가치롭게 여기면서 그것과 우리의 교육적 기대를 연결 지을 방법을 찾아야만 어린이들도 몰입하고 어린이들의 배움도 깊어질 것이다. 그것이 유리창 밖으로 자연을 바라보는 것이건, 슬라임에 향을 입히는 것이건 출발점은 다양하지만, 우리가 마음속에 추구하는 방향과 의도를 놓치지 않는다면 우리는 언제라도 그들의 속도감을 존중하면서도 동일한 곳을 바라보며 함께 갈 수 있다.

또한 어린이들이 자연을 만나는 방식은 예상 가능할 수도 있지만 의외의 방식일 수도 있다. 그들은 종종 결과물이나 산물에 관심을 보이기보다는 탐색하는 행위 자체에 몰입하기도 한다. 버찌의 액을 짜서 천에 뭉갤 때, 그 결과가 무엇이 되건 상관없다. 어린이들은 때로는 그 촉감이나 버찌 과육의 저항감에 더 관심이 가기도 하며, 그 느낌을 유지하기 위해 동일한 행동을 반복하기도 한다. 또한 우리가 예상한 것보다 더욱 섬세하고 지혜로운 방식으로 대상을 만나고 탐색하기도 하며, 적절한 방식을 스스로 찾아낼 수 있다. 성인이 시간에 쫓기거나 결과에 연연하지 않는다면, 우리는 이런 어린이들의 예상 밖의 탐구 방식과 수준을 발견할 수 있고 그 소중함을 경험할 수 있다.

감각을 일깨우는 자연의 힘

만1세, 김지선 교사

영아들과 함께 산책을 할 때면 가장 중요한 것 중 하나가 안전이다. 영아들에게 실외는 결코 안전하지 않은 공간이기 때문이다. 반면 다양한 자연물들이 존재하기에 흥미진진한 곳이기도 하다. 교사는 염려하는 마음을 조금 내려놓고 영아들이 자유롭게 자연에서 놀이할 수 있도록 기회를 주기로 했다.

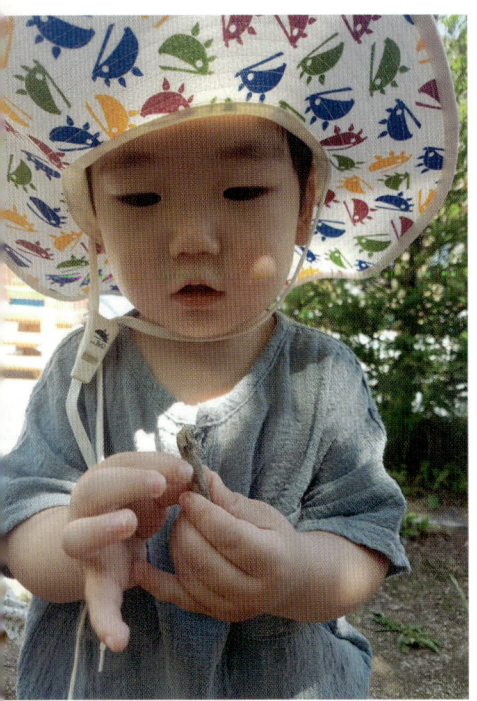

영아들은 몇 걸음 걷다가도 쪼그리고 앉아 개미를 들여다보기도 하고, 작은 돌멩이를 만지작거리기도 한다. 나무 가까이로 다가가 가만히 들여다보기도 하고, 나뭇잎을 만져보기도 한다. *"이거 봐, 이거 봐."* 하는 민서 옆으로 다른 영아들이 모여들기 시작하고 함께 나무를 들여다본다. 수미는 나무 앞에서 한참을 움직이지 않고 바라만보고 있다. 수미의 시선을 따라가 보니 나뭇가지에 멈춰있음을 알 수 있었다.

나뭇가지로 놀이해 볼까? 무슨 놀이를 할 수 있을까? 교사는 나무에 관심을 갖는 영아들을 보며 나뭇가지를 이용해서 어떤 놀이를 하면 좋을지 생각하고 있었다. "우리 나뭇가지를 주워서 바구니에 담아보자."하며 영아들과 나뭇가지를 주워 나뭇가지를 땅에 세워보게도 하고, 구멍을 파보게도 했다. 그동안 영아들이 나뭇가지를 주워 만지면 "버려버려, 지지야.", "에이, 손 다쳐, 하지마."라고 했던 교사였기에 영아들에게 나뭇가지를 주워 무언가를 해보게 하려 한다는 것만으로도 큰 변화라고 생각했다.
그러나 산책길에 찍었던 사진을 되돌아보며 당시에는 보지 못했던 영아들의 표정을 발견하고는, 여전히 교사는 영아들의 활동에만 관심이 있었다는 것을 깨닫게 되었다. 나뭇가지라는 하나의 자료에 얽매이기보다 영아들이 자연에 어떻게 다가가고 만나가는지 그들의 시선, 손과 발의 움직임을 들여다보기로 했다.

2-2. 자연과 만나는 어린이의 다양한 경로를 존중하다

손끝으로 만나다

영아들이 나무 가까이에 서 있다. 손끝으로 나무를 훑어보고, 나무 껍질을 잡아 떼어본다.

다해: 떼, 떼.
태희: 떼?

나무에 손끝을 대고, 나무의 껍질을 조심스레 잡아보는 영아들을 보며 손끝으로 나무의 질감을 느껴가고 있다는 것을 알 수 있었다. 거칠고 부드러운 느낌을 경험하고, 껍질을 떼어내기 위해 손끝의 힘을 조절해 가는 등 영아들이 자연 속에서 다양한 감각 놀이, 소근육 발달 놀이를 깊이 있게 경험해 갈 수 있을 것이라는 기대를 하게 되었다. 손을 내밀며 다가가는 영아들의 모습을 더 가까이, 자세히 보고자 교사도 영아들의 손을 따라가 보았다.

민진: 이거 민진이거.
(힘차게 옥수수 대를 휘두른다.)
윤채: (나뭇잎을 잡고) 윤채 봐~ 봐.
수호: (돌을 잡고 교사에게 손을 내밀며)
이거 이거.

감각을 일깨우는 자연의 힘

손길에 의도를 담다

영아들은 손끝으로 나뭇잎을 잡고, 열매의 꼭지를 떼어내고, 열매를 눌러보고, 옥수수 대를 휘두르고, 돌을 잡으며 다양한 손끝에서의 힘을 사용해 갔다. 손으로 탐색하며 마치 '이게 뭐야', '여기서 내가 힘을 주면 떨어질까? 어떻게 될까?', '어느 정도의 힘을 줘야 하는 걸까?', '눌러 볼까? 세게? 약하게?' 등의 생각을 하는 듯 영아들만의 가설을 세워가는 것 같았다.

나뭇가지를 잡고 땅 위에 긋기를 시작하더니 연속해서 그어 땅을 파이게 한다. 힘을 주어 흔적을 남기고, 그 힘이 반복되어지면서 흔적에 변화가 나타난다.
딱딱한 땅 위에서는 많은 힘이 주어진 반면 모래를 만질 때의 손끝은 유연함이 느껴진다. 모래를 긁고, 손에 꽉 쥐어 비벼보며 손에 힘이 많이 들어가지 않아도 영아들의 손에서는 부드러움이 느껴진다.

작은 잎을 만지는 영아의 손끝에 힘이 들어가 있다. 두 개의 잎에서 하나를 떼어내고, 남은 하나의 잎을 손끝으로 꾹 눌러본다. 하나의 잎만을 떼어내기 위해서는 어느 정도의 힘이 필요한지, 작은 잎을 꾹 눌렀을 때 어떤 변화가 생기는지 영아들은 손끝의 힘을 조절해가며 그 과정에서 나타나는 변화를 경험해 가고 있다.

엄지와 검지로 열매를 잡고 눌러본다. 열매가 터지면서 껍질 속 알갱이가 드러난다. 열매를 잡고 있을 때의 손끝과 달리 열매를 눌러볼 때의 손끝의 힘이 다름을 알 수 있었다. 손끝의 힘을 조절해가고, 변화를 경험하는 실험들을 영아들은 계속해가고 있다. 그 과정에서 열매의 껍질과 알갱이의 질감, 색의 다름 또한 경험해 갔다.

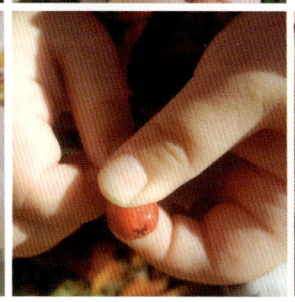 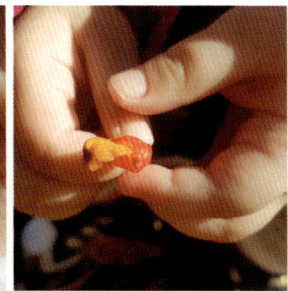

낙엽을 쥐어 보며 부서짐을 느끼고, 깃털을
잡은 듯 조심스레 갈대를 잡고 휘두르기도
한다. 계절이 변하며 나뭇잎도 변하고, 그 변한
나뭇잎을 만질 때의 느낌도 다름을 알아간다.

만1세 영아들은 다양한 감각을 사용하며
자연을 만나가고 있었다. 바라보고, 걸음을
멈추며 다가가고, 손을 내밀어 만져 보았다.
영아들 손끝의 움직임이 얼마나 세밀하고,
진지한지 그들의 손끝을 들여다보기 시작하면서 알 수 있었다.
자연에서 다양한 형태, 색, 질감을 느껴보고 계절마다 변해가는 모습을 민감하게 탐색하며
계속해서 새로운 만남을 하게 되었다. 그 과정에서 손끝의 힘을 조절해가고 그에 따른 변화를
경험하며 다양한 시도, 실험을 해갔다.
영아들은 손끝으로 많은 이야기를 하고 있었다. 손끝으로 다양하게 탐색하며 세상을 알아가고
있었다. 교사는 영아들의 손끝이 어디에 머무는지, 그 손끝으로 무엇을 하는지를 들여다보게
되면서 영아들이 자연에 다가가고 자연과 교감해가는 방식을 이해하게 되었다.

우리는 영아들이 과연 자연을 탐색할 능력이 있고 준비가 되어 있는지를 흔히 의심하기도 한다. 또 어린 영아들이 정제되지 않은 모습의 자연을 만나는 것이 안전할 것인지도 의심할 수 있다. 그래서 우리는 어린이들에게 그들의 연령 혹은 우리가 판단하는 그들의 수준에 맞는 단순하고 위험 요소가 적은 자연물을 제공하고, 단순하고 부담스럽지 않은 정도의 놀아보기를 기대한다. 그렇지만 잠시 우리가 기대하던 것을 내려놓고 그들이 자연과 만나는 방식을 존중하며 지켜볼 필요가 있다.

자연과의 만남에서 영아들은 도구를 사용하거나 활발하게 휘젓고 다니지는 않았다. 그렇다고 해서 전혀 소극적이거나 수동적인 것도 아니다. 그들이 가장 선호하고 익숙하며 잘할 수 있는 방식인 몸, 특히 손의 촉감을 이용한다. 그 과정에서 나름의 상황과 대상의 특징을 판단하고, 자신의 이전 경험, 혹은 손의 감각이 알려주는 대로 힘과 속도를 조절하고 있는 영아들의 지혜로운 모습을 볼 수 있다. 의외로 섬세하고 절제된 몸짓은 그들의 탐구 의지가 강하다는 메시지와 동시에 탐구하는 대상에 대한 존중감도 보여주고 있다. 큰 행동과 높은 목소리는 아니어도 능동적인 탐색이 일어남을 알 수 있다. 이 경험은 어린이의 감각을 고도로 일깨워 주지만, 이와 동시에 자연의 대상에 대한 그들의 이해 또한 높여줄 것이다. 또 이해가 더 깊어질수록 어린이들은 더욱 섬세하고 그들의 현재 모습을 존중하는 방식으로 자연과 만나는 법을 배우게 될 것이다. 자연과의 만나고 놀이하는 여정의 시작을 알리는 멋지고 소중한 징후이다.

창문을 두드리며 다가간 자연

만1·2세, 김예지·안드레 교사

호기심으로 다가간 창문에서 자연을 발견하다

학기 초, 어린이들이 처음 부모님과 분리를 경험하며 어린이집이라는 낯선 환경에 적응해가는 과정에서 교사는 기관생활이 처음인 진우가 계속해서 교실의 한 공간에서만 머물러 있는 모습을 발견하게 되었다. 그 공간은 교실 한 쪽의 구석진 곳으로, 진우는 '창문'을 통해 넓은 실외를 바라보고 있었다. 창문은 낯선 어린이집에서 진우가 안정감을 느낄 수 있게 해주는 것 같았다.
처음에는 진우가 아빠의 출근길을 그저 하염없이 바라보는 듯 했지만, 교사가 진우의 시선을 따라가 보니 시선이 머무는 곳에는 지나가는 사람들, 움직이는 자동차, 바람에 흩날리는 나무가 있었다. '창문'은 진우에게 특별한 공간이 되고 있었고 점차 진우의 시선이 머물며 가리키는 손짓은 누군가와 함께 바라보길 바라는 마음으로 느껴졌다.

교사와 친구들이 조금씩 익숙해질수록 진우는 창문에 맞닿은 자신의 손끝에 더욱 힘을 주고 표정과 눈빛의 변화로 이야기하기 시작했다. 창문에서 발견하는 매력적인 것들이 많이 보이자 진우는 친구들과 함께 나누고 싶어 하는 것 같았다. 친구들도 진우의 마음이 느껴졌는지, 진우의 손이 가리키는 곳을 눈으로 따라가며 바깥풍경을 함께 바라보고 나누었다. 어느덧 창문은 우리 반 친구들이 모여드는 곳으로 모두에게 특별한 공간이 되어가고 있었다.

2-2. 자연과 만나는 어린이의 다양한 경로를 존중하다

교사들은 협의를 통해 어린이들이 창문을 함께 바라보고 발견하는 것들을 친구와 나누는 것에 대한 소중함을 공감하게 되었고 창문에서 시야에 방해되는 것들을 제거해주었다. 창문에 붙어 있었던 끼적이기판을 떼어내자 좀 더 많은 어린이들이 함께 모여 보다 넓고 투명한 시야로 바깥을 바라볼 수 있었다.

뿐만 아니라 교사는 어린이들이 바라보고자 하는 대상에 더욱 집중해 볼 수 있기를 기대하며 네이처캐처, 휴지심 망원경과 같은 자료를 지원해주기도 했다. 어린이들은 다양한 자료들로 바깥을 바라보는 일에 흠뻑 빠져 즐기는 모습을 보였다. 비록 교사들의 기대처럼 어떤 한 대상에 주목하고 집중해 바라보는 모습은 아니었지만 어린이들이 관심을 갖는 것에 대해서 교사도 관심을 가지고 존중해주며 인정해주고 있다는 마음을 전해줄 수 있었다.

손을 뻗어 자연을 향해 다가가다

어린이들은 점차 창문을 통해 익숙하게 보았던 풍경들에 빠져들기도 하고, 낯설고 두려워 뒷걸음질 치게 했던 작은 곤충들에게도 가까이 다가가는 모습을 보였다. 또 창문 바깥쪽에 있는 곤충을 향해 손으로 톡톡 두드리며 곤충을 향한 관심을 조심스레 나타내보기도 하고, 창문으로 나비의 움직임을 유심히 살펴보다가 나비의 날갯짓을 온몸으로 표현해보기도 했다. 어린이들은 창문에서 자연을 만나며 자연을 향해서 조금씩 다가가고 있었다. 교사는 어린이들의 시선을 따라가고 함께 머무르면서 그들이 창문을 통해 바깥 공간을 새롭게 바라보고 있다는 것을 느낄 수 있었다.
비 오는 날의 창문은 일상에서 특별한 경험을 안겨주기도 했다. 어린이들은 빗물이 흩어지며 창문에 남은 빗자국의 흔적을 손가락으로 따라가 보기도 하고, 처마에 고인 빗물이 '토독-토독' 떨어지는 시점에 집중하며 순간의 짜릿한 감정을 느꼈다.

창밖에 내리는 비를 보고 비를 만져보자는 예준이의 제안은 흥미로운 놀이의 시작이 되었다. 어린이들은 눈으로만 바라보던 빗방울을 손에 담아보고자 하였고 손바닥에 닿는 빗방울의 느낌은 무언가 담고 싶다는 욕구를 깨운 듯했다. 컵을 가져와 비를 담아보려는 움직임에서부터 어린이들은 크고 작은 컵과 그릇, 넓은 페그보드, 손잡이가 달린 계량컵 등 비를 더 잘 담을 수 있는 도구들을 가지고 왔다. 표면이 넓고 오목한 프라이팬과 냄비를 선택한 어린이들은 마침내 빗물을 담아볼 수 있었다. 빗물이 손에 닿는 느낌과 물체에 닿아 물이 세차게 '탁!' 튀어 오를 때의 순간, 어린이들의 모든 감각은 살아나는 듯 했다.

예준: 비 차가울 거 같아.
단우: 비 잡아보자!

또한 창문에서 우연히 발견한 작은 곤충은 어린이들을 창가로 모여들게 했다. 어린이들은 곤충의 작은 움직임에도 집중하며 바라보다가 곤충이 앉아 있는 창문을 쓰다듬으며 "안녕?"하고 인사를 건네었다. 바깥놀이시간이 되어 어린이들은 바깥으로 나가자마자 교실 안에서 만났던 곤충이 있던 자리로 달려가서 그 모습을 확인했다. 창문을 사이에 둔 자연과의 만남을 즐기던 어린이들은 자연과 더 가까워지기 위해 손을 뻗어 창문 너머로 나아갔다. 창문을 통해 자연과의 만남을 더하며 어린이들은 점점 스며들 듯 자연에 대한 호기심과 조금은 낯선 존재에 대한 두려움을 잊고 자연과 직접 만나는 것에 대한 기대감을 키워갔다. 어느새 창문은 어린이들에게 자연에 대한 관심과 경험을 연결해주는 매개체가 되어 가고 있었다.

2-2. 자연과 만나는 어린이의 다양한 경로를 존중하다

자연을 교실 안으로 초대하다

창문을 넘어서 자연에 다가가던 어린이들은 자연을 마주하고 호기심을 더욱 키우기 시작했다. 눈에 잘 띄지도 않는 작은 곤충들을 발견하고 *"여기 벌레 있어!"* 하고 이 사실을 친구들에게 알리면 다른 어린이들이 모두 달려와 머리를 맞닿으며 함께 곤충을 관찰했다. 자연을 만나 가까이 다가가는 일들은 어린이들의 일상 속에서 매일같이 이루어졌다.

그러던 어느 날 부터인가 바깥에서 보고 경험한 자연의 풍경이 라이트테이블에서 펼쳐지기 시작했다. 바깥에서 만난 자연의 기억을 어린이들이 실내 공간으로 끌어들인 것이다.
비가 내리는 날 바깥에서 산책을 하다가 잔디밭에 자라난 버섯을 발견했던 어린이들은 바깥에서 본 버섯을 유토로 표현해본다. 친구들과 함께 찾아냈던 지렁이의 모습을 떠올리며 유토를 길쭉하게 빚어서 만들어 보기도 한다. 이렇게 아주 사소하고 작은 자연들이 어린이들의 손에서 만들어져갔다. 거미와 거미줄, 나비와 개미... 시간이 지날수록 어린이들이 경험했던 다양한 자연의 모습은 유토로 표현되었다.

태범이는 밖에서 본 나비의 모습을 기억하며
유토로 꽃과 나비를 만들어보고 나비가 꽃의 꿀을
빨아먹는 이야기를 만들었다.

태범: 나비는 꿀을 먹어야 돼! (꽃을 만든 뒤 웃으며) 꽃이 폈어!
　　　(나비가 꽃으로 날아가 꿀을 빨아먹는 것처럼 입을 오물오물 움직이며)
　　　쭙쭙. 어? 비가 와서 나비 날개가 젖었어. 어떡하지?
　　　(꽃을 가리키며) 여기에서 숨어야 돼.

주아는 유토로 거미를 만들며 흥얼거렸다.

주아: (눈을 크게 뜨며) 밖에서 큰 거미 봤어!
　　　비가 오면 무너집니다~ ('거미'노래)

어린이들이 만들어낸 생명체들은 상상을 더한 이야기,
노래와 함께 살아 움직이는 듯 했다. 라이트테이블에서
자연을 표상하며 즐기는 어린이들이 놀이에 보다 몰입할 수
있도록 교사는 협의를 통해 라이트테이블 공간을 창가로
옮겨주고 인조잔디도 깔아주어 자연을 더 가깝게 느끼며
놀이할 수 있도록 지원해주었다. 어린이들은 밖에서
보고 느꼈던 자연의 현장을 교실 안 변화된 라이트테이블
공간에서 회상하며 이야기를 만들어갔고 작은 생명체에
친구가 되어 도움을 주고 싶은 마음을 드러내기도 하였다.

2-2. 자연과 만나는 어린이의 다양한 경로를 존중하다

태범: 허! 나비가 걸렸어! 거미 어디 있지?
    (작은 목소리로)
    쉿! 거미 몰래 지나가야 돼~
주아: 거미가 잡아먹어! 앙!

"나비랑 쉬고 있어."

교실 곳곳에서는 자연을 향하는 어린이들의 진심어린 이야기가 만들어졌고 작은 생명체와 어린이들은 점차 마음을 나누는 관계가 되어갔다.

자연과 친구가 되다

어린이들은 단순히 자연을 바라보기만 하는 것이 아니라 교실 안과 밖의 자연을 만나가는 과정 속에서 친구가 되어 무엇인가 해주고 싶은 마음을 계속해서 드러냈다.

건우: 개미야 먹어봐.
예준: (나무, 돌 조각 등을 건네며) 곤충한테 밥 주고 있어.

태범: 이건 사다리야. 사마귀~
　　　사다리 만들어 줄거야. 사마귀 내려오게~
주아: 사다리 만들어주자!

어느 날 어린이들은 바깥 공간 선반의 가장 높은 칸에 사마귀가 있는 것을 발견했다.
그때, 태범이가 나무판자를 가져와 선반 위에 세워두며 사마귀가 내려올 수 있도록 사다리를
만들어주는 것이라고 설명하였다. 친구들도 사마귀가 무사히 내려올 수 있기를 바라며
나무판자를 연결해 바닥까지 이어지는 사다리를 만들어주었다.

그 날 이후로도 어린이들은 나무 위에 있는
거미와 개미를 발견하고는 다 같이 힘을 합쳐
나무판자로 사다리를 만들기도 하고 또 어떤
날은 거미를 위한 집을 만들어주기도 하였다.

"(사다리를 받쳐주며) 거미 여기 올라가."
"거미집을 만들고 있어. 거미집이 비가 오면 무너질까봐 만들었어."

하루는 어린이들이 바닥에서 거미를 발견하고 가까이 다가가 살펴보고
있었다. 그 때, 태범이는 친구들이 거미를 밟을까 걱정이 되었는지
작은 나뭇가지를 가져와 나뭇가지 위에 거미를 올리고 씩씩하게
어디론가 걸어갔다. 태범이가 도착한 곳은 거미줄이 있는 곳이었다.
언젠가 철쭉나무에 거미줄이 쳐 있는 걸 친구들과 같이 봤었는데 그걸
기억하고 거미를 거미줄 위에 데려다 준 것이었다.

"거미는 밟으면 안 돼. 거미집이 없어 거미줄에 데려다 주는 거야."

엉뚱하면서 기발한 생각과 행동들로 보이는 어린이들의 손길은 자연의
공간에서 만난 생명체들과 그들이 살아가는 공간을 존중하며 교감하고
있었다.

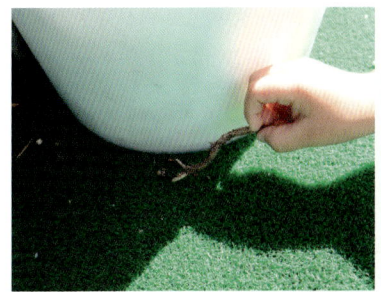 

창문은 어린이들이 자연으로 나아갈 용기를 갖게 했다. 어린이들은 창문을 통해 안과 밖의
경계를 허물고 공간을 넘어 자연을 있는 그대로 마주했다. 바깥에서 자연과 온 몸으로 소통하며
교감했고 연속적인 시간의 흐름 속 교실 안에서도 자연과의 관계 맺기를 이어갔다. 안과 밖
공간의 경계였던 창문은 어린이들이 밖에서 경험한 자연의 현장과 상상하며 재연하는 교실
안에서의 공간을 넘나들게 했다. 어린이들은 일상에서 자연과 함께 살아가며 가까이 대화를
나누는 특별한 경험을 더해가고 있다.

자연을 만나 자신만의 방식으로 관계를 맺고, 자연을 있는 그대로 느끼는 모습은 이제 우리 반 어린이들에게는 매우 익숙한 모습이다. 가을이 되어 철새들을 발견하고 창문에서 새들이 오기를 기다리기도 하고, 철새들이 떼 지어 날아가는 모습을 감탄하면서 바라보기도 한다. 어린이들은 자연을 통해 계절의 변화를 느끼고 그것이 곧 놀이가 되기도 한다.

창문에서 시작된 발견과 경험, 자연과 관계를 맺으며 놀이하는 어린이들의 모습은 현재도 이어지고 있다. 어린이들은 자연 속에서 일상적으로 놀이하며 있는 그대로 자연을 느끼고 공감했다. 또한 계속해서 자연과 교감하며 친구가 되어 살아가고 있다.

자연을 탐구하려면 어린이들에게 직접 대면하여 만나도록 해야 한다는 강박관념이 우리에겐 항상 존재한다. 그러나 자연물을 중심으로 연령별로 적합한 활동을 만들어 제공하는 대신 어린이들이 시선을 두는 곳에 교사의 시선이 함께 하자, 일련의 경험이 점차 열리기 시작한다. 아직 모든 것이 낯선 학년 초 영아들에게 창문은 두렵지만 궁금한 것을 엿보기가 가능한 일종의 방어막처럼 느껴질 수도 있다. 만약 동일하게 반복되는 바깥을 엿보는 행동에 주목하지 않았더라면 그저 그런 아이들의 산만한 행동으로 치부되고 말았을 것이다. 교사는 이 지켜보기를 바깥 자연세계에 대한 관심으로 읽어주었고, 점차 자연을 만나도록 지원하기로 결정하였다. 사실 창밖 세상은 너무 광활하여 어린이들은 초점을 찾기 어렵고 따라서 교사의 기대도 막연할 수도 있다.

이 이야기에서 교사는 서둘지 않았다. 어린이들의 시야를 확보해주고 공간을 열어주었으며, 집중하여 관찰하기에 도움이 되는 자료도 제공하였다. 준비된 경험을 서둘러 제공하고 마무리하기보다 그들의 속도와 방식에 맞춰 자연을 만나도록 허용하자, 자연과의 만남에서 어린이들이 주체가 되었다. 점차 교사의 격려가 없어도 어린이들은 스스로 자연과 관계를 맺고 자연의 생명체를 돌보기도 하였다. 생명체에 접근하는 것에 대한 두려움이 없어졌고 애정도 느끼게 되었다. 이제 창문은 나의 안전을 보장하는 보호막이라기보다는 외부로의 탐색을 열어주고 이어주는 통로가 되었다. 더 나아가 창문이라는 물리적 장치는 오히려 자연에 근접해 들여다보기보다, 철새의 날아가는 모습을 보는 어린이들처럼 자연과 만나는 시야를 확장시켜 주기도 하였다. 창문을 통해 밖을 바라보기 시작한 것은 어린이들이었지만 지원을 통해서 초점과 경험의 의미를 찾도록 도와준 것은 교사이다. 어린이에 대한 존중을 유지하면서도 교사는 충분히 어린이를 이끄는 역할을 한 것이다.

창문을 두드리며 다가간 자연

친구, '벗(友)'찌를 만나다

만2세, 강예원 교사

자연물을 교실로 들여오다

신학기 적응기간이 끝난 후 첫 바깥놀이 시간. 어린이집 근처의 놀이터에서 미끄럼틀, 시소 등을 타며 놀이하던 영아들이 잠시 뒤 하나, 둘 놀이기구를 떠나 다른 곳으로 가는 모습이 보였다. 따라 가보니 바닥 한 곳에 나뭇잎을 가득 모아 놓고는 머리를 맞대고 엎드려 개미에게 밥을 주는 놀이를 하고 있었다. 그리고 다양한 자연물을 활용한 놀이는 바깥놀이 시간이 끝날 때까지 지속되었다. 바깥놀이를 나갈 때마다 영아들은 놀이기구 보다는 자연물에 더 많은 관심을 가지고 탐색하고, 자신들만의 놀이로 재탄생시키며 즐거워하였다. 벚꽃 줍기, 경사로에서 돌 굴려보기, 빗물로 만들어진 작은 물웅덩이에 나뭇잎 넣어 숨기기와 같은 자연물 놀이를 생각해 내고 몰입하여 반복하였다.
하지만 미세먼지로 인해 바깥놀이를 자주 할 수 없었고, 아쉬움을 느끼며 고민하던 중 자연물을 교실로 들여온다면 어떤 놀이가 일어날지 궁금해졌다. 메이트 교사와 협의 후 자연물에 대한 탐색과 놀이가 실내에서도 이루어질 수 있도록 교실 내에 나뭇잎, 나뭇가지, 돌멩이, 작은 열매 등 자연물로 구성된 영역을 만들어주었고, 점차 그 공간은 영아들이 채집해온 자연물들로 채워져 나갔다.

새로운 자연물, 버찌를 발견하다

"여기 뭐가 있어요!"
늦봄 어느 날, 어린이집 근처 놀이터에서 자연물로 놀이를 하던 영아들이 터진 버찌를 발견하였다. 그 순간 교사는 버찌로 물들어 지저분해질 옷과 손이 생각나 만지지 못하게 하며 영아들의 버찌에 대한 관심과 흥미를 외면하려 했다. 하지만 그 후로도 놀이터에서 버찌를 발견할 때마다 영아들은 아쉬운 얼굴로 *"이거 만지면 안 되죠?"*, *"버찌도 교실에 가져가고 싶어요."* 라고 했다.

문득 '지저분해질 손과 옷, 그리고 부모들에게 그것에 대해 설명을 해야 한다는 번거로움 때문에 영아들의 버찌로 놀이하고 싶은 욕구, 탐색하고자 하는 욕구는 억누르고 있는 것이 아닐까?' 라는 생각이 들었다. 그래서 교실에서 버찌를 이용한 놀이는 할 수 없다는 생각, 버찌는 지저분한 것이라는 교사의 시선에서 벗어나 영아들의 시선을 따라가며 버찌와 만나는 그 순간들을 자세히 들여다보기로 하였다.

버찌와 놀이를 시작하다

놀이터에서는 영아들이 자유롭게 버찌를 가지고 놀이를 하도록 하였지만, 교실에서 버찌를 이용한 놀이를 할 수 있도록 해주기에는 시간적, 물리적으로 제한이 많았다. 영아들이 자유롭게 탐색하고 놀이할 수 없다면, 과연 의미 있는 놀이가 이루어질 수 있을지 고민이 되었다. 고민 끝에 오전 자유놀이시간 동안 '자연물 영역'에 광목천을 깔아주고 자유롭게 버찌로 놀이하며 탐색하고 천을 물들일 수 있도록 하였다.

초반에는 큰 관심을 가지고 놀이를 하는 듯 보였지만 놀이는 그리 길게 지속되지 않았다. 놀이터에서는 다양하던 영아들의 놀이형태도 버찌를 손으로 터뜨리거나, 손바닥에 문지르기, 천에 문지르기 등에 국한되며 모두 비슷하였다. 분명 영아들의 관심을 반영하여 시작한 놀이인데 왜 금방 흥미를 잃은 것일까? 왜 놀이터에서와 같이 다양한 놀이가 이루어지지 않을까?

 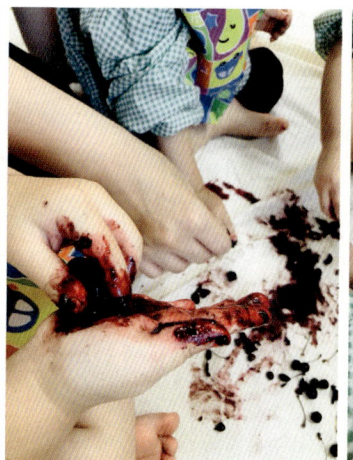 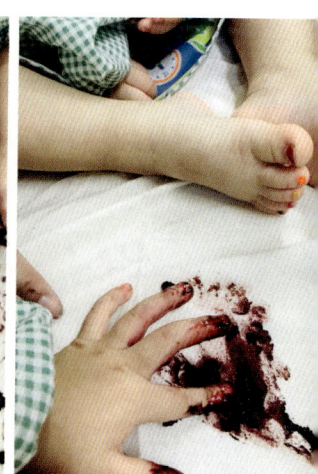

문득 '버찌는 색이 진하니, 버찌의 색 탐색을 위해 염색 활동이 좋겠다.'라는 교사의 생각에서 제시된 놀이가 영아들이 진정으로 원하는 놀이는 아니었을지도 모른다는 것을 깨달았다. '버찌를 교실로 가져가 놀이하고 싶다'던 영아들의 이야기에만 관심을 가졌지, 정작 '버찌를 가지고 어떻게 놀이하고 싶었는지'는 고민하지 않았다는 생각이 들었다. 그래서 놀이터에서 놀이하는 모습을 찍은 사진들과 기록을 반복해서 보며 되돌아보는 시간을 갖기로 했다.

사진과 기록 속의 영아들은 버찌를 이용해 다양한 놀이를 하고 있었다. 버찌를 터트려 손바닥에 문지르기, 문지르던 중 점점 더 끈적여지는 버찌의 특성을 발견해내기, 버찌 즙으로 나뭇잎과 돌멩이를 물들이거나 손에 묻은 버찌 즙으로 바닥과 나무, 주위의 사물들에 도장처럼 찍어보기, 버찌와 나뭇잎으로 개미들을 위한 밥상 만들기, 버찌 즙을 나뭇가지와 손가락에 묻혀 그림 그려 보기 등.

  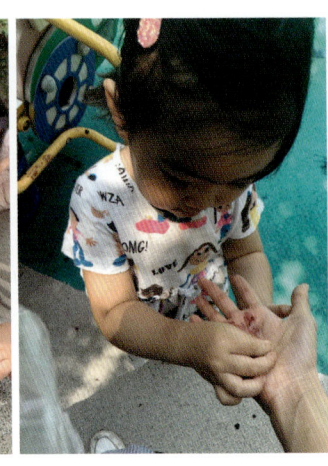

윤별: (버찌를 터트려 손바닥에 비벼보는 놀이를 하던 중, 처음에는 미끌거리던 버찌 즙이
 시간이 지나며 점성이 생겨 양쪽 손바닥이 붙는 것을 발견하고 놀라며)
 선생님, 버찌가 이상해요!
교사: (놀란 표정으로) 어머, 왜 이렇게 되었지?
윤별: (즐거운 얼굴로) 내 손이 붙어버렸어요!
 (끈적이는 양 손바닥을 붙였다 떼어내는 동작을 반복한다.)

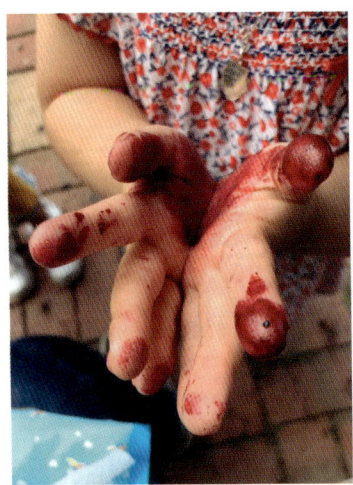 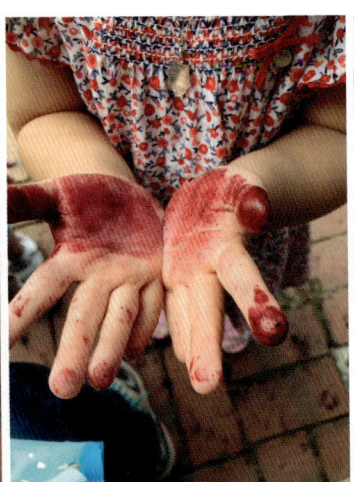 

버찌와의 놀이에 몰입하다

놀이를 되돌아보는 과정을 통해, 영아들은 단순히 버찌의 색에만 관심이 있었던 것이 아니라 버찌와 자연물을 결합하여 놀이하고 싶어 했으며, 버찌의 즙으로 무언가를 그려 표현해내고 싶어 했다는 것을 알게 되었다. 영아들이 하고 싶은 '진짜 놀이'가 무엇이었는지 이해할 수 있게 된 것이다.

교실의 버찌 놀이 공간에 버찌, 천과 함께 다양한 자연물과 붓, 한지 등을 제공해주고 그 곳에서 자신들만의 방법으로 놀이할 수 있도록 지원해주었다. 그 후 영아들은 오랜 시간 집중하며 버찌에 흠뻑 빠져들어 놀이하였다. 버찌 즙으로 돌멩이와 나뭇잎의 색을 바꾸기 위해 집중하기도 하고, 손바닥과 발바닥 전체에 버찌 즙을 칠하고는 천위에 찍으며 자신의 흔적에 즐거워하기도 했다. 발과 다리 전체에 버찌 즙을 붓으로 칠해 물들이는 영아도 있었고, 나뭇잎과 버찌를 활용해 맛있는 음식을 만드는 영아도 있었다.

버찌 놀이 후 교사와 함께 바닥을 정리하던 예윤이가 자신의 발바닥에 붙은 버찌 씨앗을 발견했다. 시연이와 윤별이가 다가가서 함께 살펴본다.

예윤: (호기심 어린 표정으로 씨앗을 떼어내어 살피며) 이거 뭐야?
윤별: 예윤아, 그거 뭐야?
시연: 어! 그거 씨앗이잖아!
예윤: (놀란 얼굴로) 이거 씨앗이야?
　　　(손으로 바닥의 씨앗을 가득 모은 후) 이거 봐! 여기 씨앗이 많이 있어~
시연, 윤별: (즐거운 모습으로 함께 씨앗을 양 손에 가득 모아 교사에게 가져온다.)

놀이터에서 놀이를 할 때도 버찌 씨앗을 본적이 있기는 하지만 주로 버찌 과육을 으깨거나 즙으로 만들어 놀이하는 것에 집중하느라 씨앗에는 많은 관심을 갖지 않았던 영아들은 이 날 다시 인식하게 된 씨앗의 모습이 새롭게 느껴진 것 같았다. 교실에서는 정해진 시간 외에는 버찌놀이를 할 수 없어 아쉬움을 느끼고 있었기 때문에 영아들이 관심을 보이는 씨앗도 자연물 영역에 함께 제시해 주었다. 영아들은 씨앗을 이용해 음식을 만들기도 하고, '콩'이라며 공룡의 먹이로 주기도 하고, 씨앗을 점토 속에 숨긴 후 며칠 뒤 싹이 자라는 과정을 표현하는 등 새로운 놀이를 스스로 만들어 나갔다.

그리고 놀이터와 교실의 버찌놀이 과정에서 영아들은 자연스럽게 버찌의 다양한 특성에 대해 알게 되었다. 버찌의 색은 보라색이며, 그 즙은 시간이 지날수록 끈적이는 특성을 가지고 있다는 것, 버찌 즙이 묻은 천은 물이 들고 잘 지워지지 않으며, 말랑한 과육 속에는 단단한 씨앗이 숨어 있다는 것 등을 발견해낸 것이다. 이처럼 영아들은 교사가 직접적으로 알려주지 않아도 긴 시간 동안 버찌를 온 몸으로 느끼고 탐색하며 버찌에 대한 많은 것들을 스스로 깨달아나갔다.

2-2. 자연과 만나는 어린이의 다양한 경로를 존중하다

특별한 존재, 버찌를 기억하다

버찌 놀이 결과물들을 영아들에게 어떻게 되돌려주면 좋을지 고민하다가 동료 교사의 조언을 받아 종이에 남은 흔적들은 자연물 영역의 책상과 바닥에 붙여주고, 천에 남은 흔적들은 천장에 매달아 주었다. 영아들은 자신들의 작품임을 알아보고 좋아했다. 언어로 많은 표현을 하지는 않았지만 놀이 도중 한 번씩 종이와 천에 남긴 자신들의 흔적에 손을 대보고 만지거나 바라보며 꾸준히 관심을 보였다.

특별활동이 교실에서 진행된 날, 특별활동 선생님이 그 버찌 놀이 결과물들을 보고는 "얘들아, 이거 뭐야? 지저분하네."라고 말하자, 영아들은 모두 입을 모아 큰 목소리로 말했다. **"아니에요! 이거 우리가 같이 버찌로 한 거예요!"**라고. 이처럼 색이 변한 버찌 염색천이 다른 사람들이 보기에는 지저분하고 볼품없는 것에 지나지 않을지 몰라도 영아들에게는 자신들의 놀이 경험과 추억이 담긴, 어디서도 만날 수 없는 소중하고 아름다운 것이었다.

계절이 바뀌어 가을로 접어들면서 놀이터에서 버찌가 사라졌다. 버찌 놀이를 못한지 한참이 지난 후에도 영아들이 여전히 그 장소와 그곳에서 경험했던 것들을 기억하고 있는지 궁금하여 산책길에 가보았다. 영아들은 놀이터에 도착하자마자 "여기 버찌 놀이터다! 버찌야!" 라고 하며 여기 저기 흩어져 버찌를 찾기 시작했다. 버찌가 보이지 않자, 승민이는 커다란 바위를 두드리며 "바위야, 버찌 좀 내려줘~" 하고 바위에게 부탁하기도 하였다. 하지만 버찌는 찾을 수 없었고 바짝 마른 버찌 씨앗만이 군데군데 남아 있었다.

어린이집으로 돌아오는 길에 버찌를 찾지 못해 실망한 윤별이가 교사에게 물었다. "선생님, 버찌는 어디로 갔어요?" 교사가 "버찌가 어디로 간 걸까?" 라고 되묻자, "**버찌가 죽었나 봐요. 버찌 우리 친구였는데.**" 라고 대답하는 윤별이. 어느새 버찌는 영아들에게 친구처럼 '특별한 존재'가 되어 있었다.

요사이 영아들은 놀이터에서 새로운 열매들을 발견하였다. 녹색, 빨간색, 보라색의 다양한 색과 모양에 따라 '콩나물', '톰', '포도가 아니야' 와 같은 이름을 지어주고 놀이터에 갈 때마다 열매 모으기에 집중한다. 버찌와 헤어진 후에도 영아들은 '열매'에 계속 관심을 갖고 매일 놀이터와 근처 수풀에서 새로운 열매를 찾으며 놀이하고 있다.

놀이의 방법과 목적이 대체로 정해져 있는 교실의 놀잇감과 달리 버찌는 영아들에게 각자 자신 만의 흥미와 방법대로 놀이를 만들어내고 온 몸의 감각을 이용하여 탐색할 수 있는 자유와 호기심의 가능성을 선사하였다. 영아들의 버찌 놀이를 기록하며 교사는 교실 내 배치된 놀잇감들을 되돌아보게 되었고, 더불어 영아들에게도 스스로 놀이의 주체가 되어 놀이의 방법을 계획하고 이끌어 내는 힘이 존재함을 다시 확인할 수 있었다. 교사가 정한 목표에 따라 교육적 지식을 영아들에게 직접 전달해야 한다는 생각을 내려놓고 영아들의 놀이에 귀 기울이며 영아들의 힘을 믿어보는 것의 중요성을 깨달았다.

교사가 처음 버찌를 교실로 가져오기 어려워하며 외면했을 때의 모습 그대로였다면 영아들의 기억 속 버찌는 만지면 안 되는 것, 옷과 손이 지저분해지는 열매로만 기억 되었을 것이다. 하지만 교사가 영아들의 관심을 읽고 긴 시간동안 일상 속에서 버찌와 놀이하고 친해질 수 있도록 지원해줌으로써 영아들에게 버찌는 '특별한 것, 소중한 것, 우리의 것, 친구'로 기억될 수 있었다. 곁에 있었지만 관심을 갖지 않아 인식하지 못했던 버찌의 존재를 인식하고, 관심을 갖기 시작하고, 그것의 생태적 특성을 활용하여 놀이하는 과정에서 영아들은 버찌에 대하여 더욱 깊숙이 알아가게 되었고 애정을 갖게 되었다. 그리고 그 관심과 애정은 이제 다른 자연물에 대한 관심으로 이어지고 있다. 자연물에 대한 관심과 이해, 애정은 영아들이 자연을 친밀하게 여기고, 다시 만나고 싶고, 더 알고 싶은 존재로 생각하게 하는 출발점이 될 것이다.

내년 여름이 되어 '죽은' 줄 알았던 버찌를 다시 그 곳에서 만났을 때 영아들은 어떤 모습일까? 좋아하는 친구와 헤어졌다 다시 만난 듯 설레고 기쁜 얼굴일까? 너무 반가워 한걸음에 뛰어갈까? 해마다 같은 계절에 버찌와의 만남과 헤어짐이 반복되고, 놀이 경험이 쌓여갈수록 영아들이 자연과 생명의 변화, 순환에 대해서 조금씩 더 느끼고 알아가게 될 것이라고 기대해 본다.

이 사례에서는 누구나 공감하는 버찌의 전형적인 모습과 이름을 알아가고, 색, 맛에 대한 사실적 정보를 모은 것과는 차원이 다른 탐색이 일어났다. 어린이들은 버찌의 다양한 모습을 자신들의 방식으로 탐구하고 나서, 버찌에 대한 일종의 '변신' 리스트를 만들어 가고 있었다. 어린이들은 자연스럽게 버찌가 자라고 생겨난 곳에서 버찌를 만났고, 그 장소와 버찌를 연결 지었다. 그 버찌의 표면에 보이는 색과 천에 물들여진 색이 다르며, 말라가면서 색뿐 아니라 촉감과 점성이 달라진다는 것도 경험하였다. 겉을 둘러싸고 있던 촉촉하고 뭉개지는 과육을 덜어내자 그 안에 단단한 씨앗을 품고 있다는 것이 어린이들에게는 매우 충격적이고 신선했을 것이다. 그 씨앗이 방치되어 마른 상태로 어린이들은 버찌를 다시 교실에서 만났다. 버찌는 그림처럼 정형적인 모습을 더 이상 갖고 있지 않았다.

어린이들은 자신들이 탐색한 다양한 모습과 상태, 그리고 국면을 지닌 버찌를 특정 장소, 그리고 시간의 흐름과 연결 짓고 있다. 버찌의 여러 가지 변화 모습을 파악한 어린이들이 이제 버찌를 척도로 활용하여 주변의 다른 열매들을 알아가는 듯 보인다. 버찌의 사라짐을 경험한 어린이들이 내년에 버찌의 나타남을 같은 장소에서 경험한다면, 또 다른 차원에서 자연의 원리와 패턴을 조금이나마 깨닫게 될 것이다. 만남과 헤어짐, 정형과 파괴의 순환적 경험이 어린이들에게 버찌 이상의 자연을 접하게 해 줄 것이다. 어린이들은 더 이상 버찌를 알아간 것이 아니라, 자연물의 한 사례로서 버찌의 변화 가능성을 알게 되었을 것이다.

자연을 '코로 만나다'

만5세, 정나현 교사

자연으로 나가 냄새를 찾다

우리 반 어린이들이 자연을 친근하게 대하게 된 변화는 '슬라임 놀이'로부터 시작되었다. 학기 초 모래로 슬라임을 만들겠다는 장난 같은 모습을 보며 교사는 어린이들의 도전이자 가설이 담긴 실험으로 바라보기로 하였다. 그리고 충분히 놀이할 수 있도록 공간과 재료를 지원해주었고, 어린이들은 슬라임을 만들며 다양한 경험을 하였다. 각자 놀이를 하는 것 보다 함께 협력하며 놀이를 이어가면서 꾸준히 몰입하는 경험도 깊어졌다. 재료를 어떤 비율로 혼합해야 슬라임이 되는지 실험하던 어린이들은 결국 나름대로 만족스러운 질감과 특성을 지닌 슬라임을 만들게 되었다. 더 나아가 나만의 슬라임을 만들기 위해 색, 향기, 촉감을 더하고 싶어 하였다.

지아: 근데 (슬라임에) 향기가 나면 좋겠다.
지율: 진짜 향기가 나면 좋겠다.
근후: 나는 꽃!
주원: 난 복숭아… 냄새 좋아. 복숭아 맛있는데….

어린이들의 대화를 통해 교사는 '향기', 즉 후각에 주목하였다. 일반적으로 사물을 처음 탐색할 때 오감 중 시각과 촉각을 주로 사용하는 반면, 후각은 많이 사용하지 않는다. 활용에 있어서는 우리에게 잊혀진 감각인 것 같은 후각에 대해 이번 기회를 통해 집중해본다면 어떨까? 어린이들의 후각적인 민감성을 깨우는 시간이 되지 않을까?

슬라임에 넣고 싶은 향기로 자연을 떠올리는 어린이들과 산책길을 나섰다. 매일 다니던 곳에 과연 특별한 것이 있을까 걱정한 교사와 달리, 어린이들은 구석구석을 찾아다니며 향기를 찾았고 그동안 못 보고 지나친 꽃들도 발견했다.

예윤: 하얀 꽃을 찾았어요!! 맡아볼까? 아무 냄새가 안나. 신기하다!
지율: 파란 꽃도 있어! 그런데, 너무 애기 같아서 내가 만지면 다칠 것 같아.
예윤: 선생님, 이번엔 내가 좋아하는 달맞이 꽃 같아요.
　　　냄새 맡아봐야지~ 으웩! 쓰레기 냄새야 이건.
　　　이걸로 어떻게 써… 못 써!!

예윤: 햇빛 때문에 탄 나뭇잎 냄새가 여기 있어요.
　　　정말 탄 나뭇잎 냄새가 나요. 이상해… 냄새.

어린이들은 꽃에서는 당연히 좋은 냄새가 난다고 생각했던 것 같다. 그런데 다양한 냄새가 나자 신기해하였다. 가을이 되어 말라가는 나뭇잎에서도 이상한 냄새가 난다고 했다. 어린이들은 '자연물은 향기가 다 좋을 것'이라는 고정관념이 산책을 통해 깨어가고 있었다.

주변의 다양한 냄새에 몰입하다

어린이들은 점차 슬라임에 넣을 재료로서의 냄새가 아닌, 자연 그대로의 냄새에 몰입하기 시작했다. 하지만 냄새는 '느끼는 순간 사라지는 것'이었다. 교사는 산책이나 바깥놀이를 갈 때마다 어린이들이 경험한 냄새를 남겨 다른 친구들과 나눌 수 있도록 돗자리, 색연필, 종이를 가지고 나갔다. 어린이들은 같은 자연을 만났지만 다양한 냄새를 그렸다.

해율: 풀 냄새… 나무 냄새… 가을바람 냄새….
　　　시소는 그냥 예쁘라고… 아니다.
　　　시소 냄새는 움직이는 바람 냄새 나!

자연을 '코로 만나다'

2-3. 자연을 탐구하는 어린이의 가설을 격려하다

\ 나타났다 사라졌다
\ 지금이야! : 제트기로 시작된 바람과의 만남
\ 다 이유가 있어!
\ 함께 배워가는 여정 : 잡초 이야기

지식의 본질과 학습과정에 관한 철학적 관점 중 하나인 구성주의는, 인간은 수동적으로 세상을 만나고 주어진 정보를 있는 그대로 받아들이는 것이 아니라 능동적으로 세상에 대한 나름의 이해를 구성해 낸다고 주장한다. 피아제 이론에 의하면, 인간은 기본적으로 주어진 상황에 동화와 조절을 통해 적응해 나가려는 성향과 더불어 자신이 주체가 되어 경험을 조직화하려는 성향을 지니고 태어난다. 특히 조직화하려는 인간 본유의 성향은 세상에 대한 이해를 구성해내는 데 큰 작용을 한다. 자신의 경험을 돌아보고 다양한 생각들을 조율하면서 경험한 현상에 대해 현재로서 가장 그럼직한 설명, 즉 가설을 끊임없이 찾아가려고 한다. 인간은 별개의 정보 혹은 사실을 연결 짓고 재배열해서 가설을 수립하고, 새로운 정보를 만나서 받아들이면 이를 기존 가설에 적용해보고 통합하여 새로운 가설로 수정한다. 만약 가설이 없다면 유용하고 새로운 정보도 흘려 버리기 쉽다. 그러므로 생각이 계속 발전하기 위해서는 가설이 있어야 한다. 세상에 대해 궁금증을 지닌 어린이에게 가설을 수정하는 과정은 끊임없이 일어날 것이고 성인은 이 과정을 존중하고 지원해야 한다.

사실 자연의 생명체는 자체의 생존과 종족 보존의 목표를 향해 항상 움직인다. 자연의 외적 형상보다 그 저변에서 작동하는 원리 혹은 패턴을 발견할 때, 어린이들은 차원이 다른 경이로움을 느낄 것이고 자연에 대한 인식이 달라질 것이다. 그런데 저변의 원리를 이해하기 위해서는 어린이들은 자연과 만났던 다양한 경험을 돌아보며 개별적 현상들을 포괄하는 차원의 이론, 혹은 가설을 만들어내야 한다. 가설이란 본질적으로 완벽한 정답이나 완성된 이론이 아니다. 어린이들이 처음부터 올바른 답을 찾을 수 있는 것이 아니라 과도한 일반화(over-generalization)의 오류도 범하고 오개념(misconception)에 집착하기도 하지만, 가설의 연속적인 수정 과정을 거치며 자신이 지니고 있던 생각과 지식이 발전할 것이다. 가설 수립과 발전을 위해서는 개인의 노력뿐 아니라 자신에게 피드백을 주고 함께 개념을 재구축하는 동반자도 필요하다. 어린이들은 또래와 함께 자신의 생각을 모으고 그것을 공동의 자산으로 만들어 가는 과정에서 생각이 더 충실해진다. 어린이들이 타인과 함께 자연을 만나도록 성인이 잘 지원한다면 개인 및 집단의 가설 수정과정이 활성화될 수 있다. 이처럼 자연은 물질적 자원뿐만 아니라 인간의 정신적 성장에도 도움을 줄 수 있다. 자연 현상에 대해 가설을 수립하고 데이터를 토대로 그것을 확인하며 수정하는 일련의 행위가 일어날 수 있다면, 어린이들에게는 더 많은 깨달음과 배움의 장이 될 것이다.

나타났다 사라졌다

만3·4세, 고스란 교사

일상에서 만나는 자연의 현상들이 우리, 성인에게는 너무나 당연하고 자연스러운 것으로 스쳐간다. 하지만 세상을 알아가는 어린이들에게 자연은 성인이 느끼는 자연과는 전혀 다른 의미로 다가온다는 것을 종종 발견하곤 한다. 자연이 보여주는 '순간의 무엇'에 대해 어린이들은 마법을 보는 것처럼 매료되어 몰입하였다.

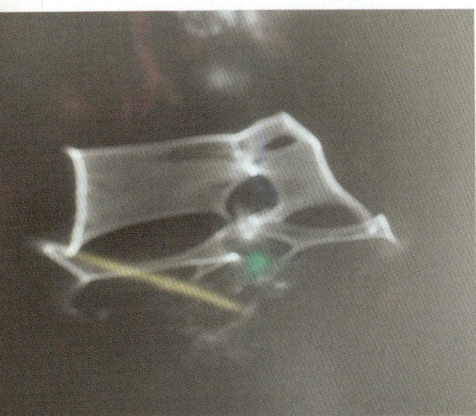

어느 날 교실 천장에 처음 보는 형태의 빛이 나타났다. 어린이들이 OHP필름과 여러 가지 재료로 만들었던 것을 말리기 위해 창문 난간 위에 작업물을 올려 두었는데, 유리창을 통해 들어온 빛이 이 작업물과 만나 교실 천장에 반사되어 매력적인 빛의 형상을 만들어내고 있었던 것이다. 매일매일 달라지는 우연한 빛의 현상을 발견한 어린이들은 이 빛에 대해 흥미를 보이기 시작했다.

오늘은 왜 안 나오지?

세준이는 점심을 먹거나 놀이를 하는 중에 문득문득 빛에 대한 의문을 이야기하곤 했다. 하루 일과 중 특히 낮잠시간에만 나타나는 빛. 어떤 날은 기다려도 나오지 않기도 하고, 어제와는 다른 색으로 나타나기도 하는 빛. 세준이는 이러한 빛의 예측할 수 없는 특성을 당연하게 받아들이는 게 아니라 지속적으로 빛에 관심을 두며 '왜?'라는 궁금증을 반복적으로 드러냈다.

"그런데 왜 우리가 잠잘 때만 오는 거지?"
"오늘은 왜 안 나오지?"
"오늘은 다른 색이에요! 왜 다른 색이에요?"

세준이의 의문들을 어린이들에게 되돌려 주었고, 공동의 관심사가 되어 빛의 자연적 특성에 대해 함께 이야기를 나누는 모습을 자주 볼 수 있었다. 교사는 어린이들에게 자연에 대한 지식을 전달하기 보다는 빛에 대한 궁금증을 함께 공감하며 기다려주었다.

구름이 햇님을 날렸나?

장마의 끝자락이던 어느 날,
낮잠에서 일찍 깬 세준이는 교사의
옆에 앉아 교실을 둘러보고 있었다.

세준: 저기 하얀 빛이 보여요!

비가 개이면서 구름이 많은 날이라 그런지 천장에는 예전의 알록달록한 빛이 아닌 희미한 빛이 나타나 있었다. 그런데 이때, 구름이 걷히기 시작하면서 교실이 환해지고 선명한 빛이 나타났다. 게다가 구름이 빠르게 이동하면서 빛이 나타났다 사라졌다를 반복하는 것이었다. 교사는 이 신기한 현상에 함께 흥분하며, 문득 어린이들의 빛에 대한 생각이 궁금해졌다.

교사: 왜 빛이 나타났다 사라졌다 하는 걸까?
준후: 그건~ 햇님이 있어서 환할 때는 생기고 깜깜할 때는 안 생기는 거야.
세준: (창문을 보며) 지금 햇님 있잖아.
준후: 햇님이 멀리 있어서 그래.
세준: 아니~ 햇님 있는데?
준후: 바람이 쌩쌩 불어서 그래~
세준: 아니야. 여기 바람 없잖아.
준후: 바람친구가 햇님을 가려서 안 보인거야.
세준: 구름! 먹구름…!
준후: 맞아. 구름이야.
세준: 구름이 햇님을 날렸나? 구름이 생겼다가 없어졌다가 하나봐.

나타났다 사라졌다 하는 빛에 대한 준후의 가설은 세준이의 반론을 만나면서 흔들리기 시작했다. 처음, 햇님의
영향이라고 생각했던 준후는 세준이의 논리에 설득되었고 결국 두 어린이는 구름이 햇님을 가린 것이 아니라 날렸다는
말을 통해 햇님에 바람의 특성이 더해진 구름으로 인해 생겨난 것이라는 새로운 가설을 만들어냈다.
빛이 우리에게 오는 것은 그리 단순한 부분이 아니었다. 그 사이 다른 자연의 요소인 바람, 구름이 개입하고 있었고
그것들의 관계에서 예측하기 어려운 빛의 현상이 만들어지고 있었다. 어린이들은 빛을 이해하기 위해 햇빛만이 아닌
자연 속 다양한 요소 간의 관계를 생각하기 시작했다.

이거... 없어졌어요!

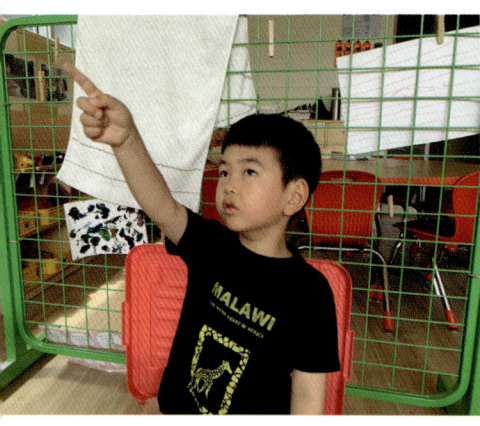 

세준: 이 그림(때문) 아닌가?
준후: 어, 그건, 햇님이 이쪽에 물감이 붙었다가 저기로 (천장을 가리키며) 붙어서 그래.
세준: 저기 위에 (작품들이) 많이 올려져 있잖아!

나타났다 사라지는 빛은 햇빛과 자연의 요소로만 생긴 것일까? 세준이는 빛을 한참 동안
바라보다가 물감이 두껍게 발라진 그림을 이야기했다. 그러자 준후는 햇님이 물감에 붙었다가
천장에 붙었다고 말하며 자연의 빛이 반사되어 교실 천장에 나타나게 된 원인을
유추하기 시작했다.
가만히 준후와 세준이의 대화를 듣고 있던 재현이는 난간 위에 올려져 있던 작품들을 슬며시
만져보며 천장을 바라보았다. 그리고 자신이 작품을 움직이는 대로 빛도 움직인다는 것을
발견하게 되었다. 빛을 만들어내는 또 다른 요소인, 반사체를 찾게 된 것이다.

2-3. 자연을 탐구하는 어린이의 가설을 격려하다

재현: 선생님! 움직여요!

재현이의 흥분된 목소리에 모든 어린이들이 너나할 것 없이 난간에 놓인 작품을 움직여 보았다. 멈추어 있던 빛을 마음대로 움직이게 할 수 있게 된 것에 재미를 느껴갔고, 어린이들은 빛을 더 이상 궁금한 현상이 아닌 하나의 놀이로 즐기고 있었다.
정민이는 새로운 반사체로 작품이 아닌 레고블록을 난간 위에 올려놓았다. 그런데 그 때, 구름이 이동하여 천장에서 일렁이던 모든 빛이 사라지게 되었다.

정민: 선생님! 이거 두 개 놔둬서 없어졌어요!

정민이는 당황한 듯 보였다. 마음대로 할 수 있다고 생각한 순간, 보란 듯이 자연은 그렇게 쉽게 다룰 수 있는 것이 아니라는 듯 구름을 움직였다. 정민이는 자신의 행동으로 인해 나타난 결과라고 생각했다. 구름은 이동했고, 다시 빛은 희미하게, 그리고 선명하게 나타났다.

정민: (다시 희미하게 보이는 빛을 가리키며) 조금 있어.
세준: 어? (빛을 보면서) ABCD글씨다!
정민: (레고블록을 움직이며) 내가 한 거야!

교실이 다시 환해지며 나타난 빛은 레고블록에 반사되어 글씨와 비슷한 형태를 띠었다. 이후 어린이들은 다양한 놀잇감들을 반사체로써 올려보고 움직여보았다. 이 물체도 빛이 반사되는지, 빛의 모양이 어떻게 다른지 탐색했다. 그리고 블록의 모양과 색에 따라 빛의 모양과 색도 변화될 수 있다는 것을 실험을 통해 알아갔다. 반사체를 발견했다 하더라도 자연의 빛을 조절하는 것은 쉽지 않았다. 그저 많은 관계 속에 반사체를 움직이는 '나'의 존재는 하나의 요소일 뿐이었고, 그렇기에 끊임없이 변하는 자연의 관계를 살필 수밖에 없었다.

지금이야! : 제트기로 시작된 바람과의 만남

만3·4세, 하은혜 교사

밖에서 날리니까 더 잘 날아가!

학기 초부터 어린이들은 매일매일 색종이로 제트기를 접어서 날리는 놀이를 하였다. 두 달 동안 제트기 놀이가 끊임없이 반복되면서 어린이들은 제트기가 잘 날아가는 전략을 찾고 친구들과 공유하는 모습을 보였다. 의자 위에 올라서서 더 높은 곳에서 날리기, 제트기 앞쪽을 잡고 날리기, 위쪽을 바라보고 날리기 등. 어린이들은 그동안 수없이 반복된 제트기 놀이 속에서 어떻게 하면 제트기를 더 '잘' 날릴 수 있을지 전략들을 찾아가면서 그들 나름대로 의미 있는 시도와 고민의 시간을 보냈던 것이다. 그 중 희연이의 전략은 교사에게 흥미롭게 다가왔다.

희연: 저번에 집에 갈 때 밖에서 날려봤는데 잘 날아갔어요!
바람이 쌩~ 쌩~ 부니까 제트기가 하늘 끝~까지 날아갈 뻔 했어요!

교사는 희연이의 이야기를 듣고 보니 그 동안 어린이들이 실내에서만 제트기를 날려 왔을 뿐 밖으로 나가지는 못했었는데, 이번 기회를 통해 어린이들과 밖으로 나가보면 어떨까? 하는 생각이 들었다.
밖에서 제트기를 날린다면 제트기의 움직임 뿐 아니라 어린이들이 자연을 더 민감하게 느끼고 생각해볼 수 있는 기회가 되지 않을까?
교사도 어린이들이 자연 속에서 어떻게 제트기를 날리면서 놀이를 하게 될지 기대하며 밖으로 나가게 되었다.

바람이 분다! 바람이야!

바깥을 나가자마자 어린이들 모두 호기심이 가득한 눈망울로 제트기를 접어서 날렸고, 제트기는 바람의 방향과 세기에 따라 서로 다른 궤도로 날아갔다. 그 가운데 제트기를 열심히 날리는 온후가 교사의 눈에 들어왔다. 하지만 온후는 제트기를 바람의 반대 방향으로 날려서인지, 제트기가 바람의 저항을 이겨내지 못한 채 날지 못하고 바닥으로 툭 떨어졌다. 어떻게 하면 좋을까?

그런데 온후 옆에서 제트기를 날리던 민후는 온후보다 좀 더 높은 위치의 벤치에서 제트기를 날리고 있었고, 바람의 정방향으로 날려서인지 붕~ 뜨며 매우 잘 날아갔다. 이 모습을 보던 온후는 민후를 따라 높은 곳에서 날리기를 시도하였다. 하지만, 여전히 온후의 제트기는 바람의 저항을 이기지 못하고 추락했다. 그 이후로도 온후는 몸의 방향을 바꿔보기도 하고 친구의 움직임을 따라하며 제트기를 잘 날리기 위해 끊임없는 시도를 이어갔다.

시우: 지금이야! 바람이 분다! 바람이야!

갑자기 쌩~하고 바람이 부는 순간, 시우가 큰소리로 외쳤고 그 소리에 온후도 재빨리 제트기를 던졌다. 드디어 온후의 제트기도 기다란 궤도를 타고 높이 날아갔다. 그렇게 어린이들은 여러 차례 제트기를 날리면서 바람이 부는 방향과 바람이 부는 시점이 계속 달라지는 것에 대해 호기심을 가졌고 제트기를 잘 날리기 위해 눈에 보이지 않는 바람이라는 자연에 대해 점차 민감하게 느껴가게 되었다.

왜 내 낙하산만 안 움직여?

교사는 어린이들에게 눈에 보이지 않는 바람을 좀 더 쉽게 느껴볼 수 있도록 다른 자료를 제안하였다. 평소 어린이들이 즐겨 만들던 '연'을 고안하여 작은 바람에도 민감하게 반응하는 비닐봉투를 활용한 것이다. 어린이들은 이를 '낙하산'이라고 불렀고, 호기심 가득한 눈빛으로 바람에 움직이는 봉투를 유심히 탐색했다.

"우와! 얘들아! 이것 봐, 날아가!"
"바람이 쌩쌩 부니까 더 잘 날아가!"

그렇게 힘차게 달리던 어린이들이 어느 순간, 바닥에 낙하산을 놓은 채로 그 움직임을 관찰하기 시작했다. 낙하산은 바람이 불 때마다 흔들렸고 강한 바람이 불 때에는 바닥을 스치며 빠르게 움직였다. 특히 성우는 바람에 움직이는 낙하산을 유심히 바라보았다. 아주 살짝 부는 바람에 낙하산이 미동처럼 흔들리자 이를 민감하게 발견하고는 소리쳤다.

성우: 선생님! 기다리니까 바람이 와요!!

2-3. 자연을 탐구하는 어린이의 가설을 격려하다

그 소리를 들은 민후와 이엘이도 낙하산을 손에서 놓기 시작하였다. 그리고는 바람에 흔들리는 낙하산의 움직임을 응시하였다. 그런데 민후와 이엘이의 낙하산은 흔들리지 않았다.

"뭐야! 왜 내 낙하산만 안 움직여!"

이엘이는 맞은편 커다란 나무와 낙하산을 번갈아 살펴보았다. 나뭇잎은 흔들리고 있었지만 바닥에 놓인 낙하산은 움직이지 않았다.

이엘: 저것 봐. 나뭇잎이 흔들려!
민후: 나뭇잎은 흔들리는데 왜 내 낙하산으로는 바람이 안 오지?
민후: 바람은 여러 개라서 그런 거야! 어떤 바람은 성우한테 가고, 어떤 바람은 나한테 왔나봐.

어린이들은 흔들리는 나뭇잎과 낙하산의 움직임을 비교해보기도 했고, 나와 친구의 낙하산이 다르게 움직이는 차이를 살펴보기도 하면서 바람은 여러 개가 있다고 생각하는 듯 했다.
비록 눈에 보이지 않지만, 어린이들은 놀이를 통해 바람을 피부로 느끼고 생각하며 점차 민감해졌다. 평소에도 밖에 나가면 어린이들이 그들의 대화 속에서 자연스럽게 바람을 의식하며 이야기하는 것을 종종 들을 수 있다. 자연 안에서 어린이들이 바람과 깊은 만남을 가졌기에 이와 같은 반응이 나타나는 것이 아닐까?

어린이들의 인기 놀이였던 제트기 놀이, 그 놀이로 시작했던 바람과의 만남. 어쩌면 이 바람은 어린이들이 제트기 놀이를 통해 오랜 기간을 만나온 바람이었고 그렇게 천천히 알아갔기에 보다 의미 있는 시도와 배움이 이루어질 수 있었던 것 같다. 지금도 어린이들은 '바람은 여러 개'이고, '바람은 모두 방향이 다르고', '바람이 부는 세기도 제각각 다르다'고 말하고 있다. 이런 어린이들의 가설들은 자신만의 경험으로 바람을 만나고 이해한 의미 있는 생각들이었다.

어린이들이 자연에 가까워지기 위해서는 교사도 늘 접하는 자연이지만 보다 민감하게
느껴보려는 여유와 시도가 필요한 것 같다. 또한 어린이들의 놀이를 세심히 들여다보고
그 놀이 속에서 자연스럽게 자연을 만나고, 자연과 가까워지는 과정을 경험해 갈 수 있도록
교사가 어떻게 지원해야 하는지에 대해 끊임없이 고민하는 과정이 중요함을 깨닫게 된다.
제트기 놀이로 시작된 바람과의 만남처럼…

"힘차게 달려보자!"

어린이들이 종이 제트기를 만들지 않았다면, 그리고 그것을 잘 날려보고 싶은 욕망을 갖지 않았다면, 그리고 이것을 실험해 보도록 밖으로 나갈 것을 허용해주는 교사가 없었다면, 어린이들은 바람에 주목하지 않았을 것이다. 우리 주변의 수많은 자연 요소 혹은 현상은 우리의 시야나 마음에 들어오지 못한 채, 배경으로 사라지거나 당연시되기 쉽다. 특히 공기의 흐름인 바람은 눈에 보이지 않고 급격한 기압의 변화가 없는 한 지각되지 않는다. 여기서 어린이들이 바람을 좀 더 다양한 측면에서 알아가게 된 계기는 자신들이 이 경험의 주체로서 확인하고 실험해 보고자 하는 나름의 이론과 추측이 있기 때문이다. 어린이들이 비행기를 잘 날리려는 목적을 갖고 바람을 느끼다보니 바람의 방향, 세기, 시점도 포착하게 된 것이다. 종이비행기의 날아가는 거리 혹은 공중에 떠있는 시간의 길이에 따라 희비가 엇갈리던 어린이들이 성공하려면 어떻게 해야 하는지를 찾다 보니 바람에 주목하기 시작하였다. 이제는 눈에 보이지 않는 바람의 미세한 변화를 감지하기 위해 비닐 봉투를 보고 바람을 느끼며 바람의 흔적을 찾아 나무를 쳐다보게 된다. 이것은 우리 주변의 다양한 자연 요소들이 상호 영향을 주고받고 있으며 어린이가 자연을 만나게 되는 범주 또한 확장시켜 가고 있다는 것을 보여준다.

어린이들은 자연이 제공하는 다양한 변수를 의식하며 끊임없이 자신의 행위와 자연 현상의 변화를 연결 짓는다. 그런데 이 시도는 과학수업에서 흔히 볼 수 있는 변수가 통제되는 인위적인 실험과는 다르다. 성취에 대한 욕망, 관찰, 가설수립, 가설에 부합되지 않는 사례에 대한 놀라움과 좌절, 피드백을 토대로 한 가설의 수정, 성공으로 맛보는 희열 등 지적이고 정서적인 요소들이 함께 어우러져 일어나는 역동적이고 통합적인 경험이다. 이처럼 자연을 알아가는 과정에서 어린이들에게 주체가 되도록 격려한다면, 어린이들은 가설을 세우고 실험을 통해 사실을 알아내는 것을 넘어 정서적 몰입과 재미, 그리고 자발적 의지가 가득한 놀이를 만들어 낼 것이다.

지금이야! : 제트기로 시작된 바람과의 만남

다 이유가 있어!

만3·4세, 박소연·김유진 교사

3년 동안 담임으로 만난 푸른솔반 어린이들은 유독 공원 안에 위치한 숲에 가는 것을 좋아한다. 숲에 도착하면 "와아아아아" 소리를 지르며 뛰어 들어간다. 어린이들의 표정과 목소리에서 굉장히 좋아하는 공간에 도착했다는 것을 알 수 있지만, 교사로서 왜 좋아하는지에 대해서는 생각해 본 적은 없었다. '매일 똑같은 공원에 가는 것이 왜 그렇게 좋을까?'

찾았다! 찾았다!

어린이들은 웅크리고 앉아서 손에 무엇인가를 모으고 있었다. 그리고 *"찾았다! 찾았다!"* 라고 큰 소리로 외쳤다. 어린이들 모두가 공원 여기저기서 같은 모습으로 같은 작업을 반복하고 있었다. '그동안 산책을 오면서 왜 이런 모습을 알지 못했을까?' 산책을 가면 무엇인가를 주워 오는 어린이들의 모습이 당연하다고 여겼던 것 같다. 그랬기에 찾고 모으는 이런 모습 또한 주의를 기울이지 않았던 것 아닐까.

민규: 열매를 누르면 물감이 나오네! 선생님 이거 봐요! 내가 찾았어요! 이거 봐봐요! 내가 찾았어요!
세용: 여기 열매가 수도 없이 많아! 열매를 이용해서 곤충도 모아야지!
범기: 야! 치약(진액)이야! 치약(진액)이 나오는 나무를 찾았어!
지윤: 찾았다! 초록열매!
서우: 이건 (작은 나뭇가지) 마술펜이야!
범기: 큰 나무에서는 이렇게 껍질이 나와.
서우: 이거 바닥에 그림 그려지는 마술펜인데!

어린이들은 마치 보물을 찾은 것처럼 친구들에게 자신이 찾은 자연물이 얼마나 특별하고 매력적인지 설명했다. 똑같은 연필, 블록 등 정형화된 놀잇감이 있는 공간을 벗어나, 숲은 어린이들의 특별한 보물이 있는 곳이었다.

나뭇잎 속에 숨은 초록 열매

호기심에서 시작되어 발견으로 이어지는 어린이들의 찾기 놀이는
계속되었다. 그 중, 민규가 찾은 나뭇잎 사이의 초록 열매는
어린이들에게 더 특별하게 다가오는 것 같았다.

세용: 저기! 저기! 초록색 나뭇잎 옆에!
열매가 빨간색이 아니라 초록색이야!
민규: 어디? 어디? 안 보여!
세용: 저기! 저기!
범기: 아! 저기? 초록색 나뭇잎에 초록색 열매가 있으니까 잘 안 보이네.
*그게 **'숲속의 보호색'**이라는 거야!*

여러 가지 자연물을 찾아다니던 어린이들은 주변의 같은 색깔
때문에 잘 보이지 않는 자연물들을 발견했다. 그리고 '숲속의 보호색'
때문이라고 말했다. 덜 익은 열매가 초록색인 이유는 초록색 나뭇잎에
잘 숨기 위해서였다. 이는 교사가 알고 있는 보호색의 개념과는 다른
것이었다. 보호색이란 곤충이나 동물에게 적용되는 개념이었고 열매나
식물에는 해당되지 않는 것이었다. 아직 개념을 정확히 모르기에
어린이들이기에 할 수 있는 지식의 오류라고 생각하고 바로잡아줄 수도
있지만, 교사는 어린이들이 이전 경험으로 알게 된 지식을 대입해보고
이해해 가는 노력으로 생각했다. 어린이들은 비록 틀렸지만 우리가
알고 있는 보호색과는 다른, 자신들만의 '숲속의 보호색'에 대한 가설을
만들어가고 있었다. 이러한 점이 교사에겐 흥미롭고 기대되었다.

숨바꼭질을 하는 자연물

민규: 이 꽃 이름이 뭘까? 아주 숨기 좋은 곳이네!
서우: 우리 지난번에 봤던 토끼 꽃 모여 있는 것 같지 않아?
민규: 온통 초록색이네. 여기 아주 숨기 좋은 곳이야!
서우: 이 속에 곤충이 들어가면 우리가 못 찾을 수도 있겠어.
민규: 여기 메뚜기와 사마귀랑 여치가 들어가면 우리가 못 찾겠어!
서우: 선생님, 여기는 온통 초록색이에요.
　　 저 속에 초록색 곤충이 들어가면 우리가 못 찾을 수도 있어요.
　　 메뚜기 사마귀 여치도요!

민준: (나무에 개미가 올라가는 것을 보면서)
　　 개미가 도대체 어디로 가는지 모르겠어!
　　 흙 속에 있으니까 잘 보이지 않아! 집도 다 숨겨 놓았나 봐!
아리: 그걸 바로 '곤충 숨바꼭질'이라고 해.

어린이들은 자연물을 찾는 놀이에만 흥미가 있는 것이 아니었다.
'숲속의 보호색'이라는 자신들의 가설 아래, 자연물들이 우리가
찾을 수 없도록 숨바꼭질을 하고 있다고 이야기 하였다. 그 과정에서
어린이들은 자연물의 색에 집중하였고, 자연물이 살고 있는 주변
자연의 색과 연결 지어 생각하기 시작하였다.

'곤충 숨바꼭질'은 교실에서도 이루어졌다. 교사들은 숲에서의 경험을
이어가기 위해 숲속 풍경을 크게 프린트하여 벽과 바닥에 붙여주었다.
밖에 나갈 수 없는 날에도 '곤충 숨바꼭질'을 할 수 있는 공원이 생긴
것이다. 아리는 전날 공원에서 본 개미가 인상 깊었던지 개미를 그렸다.
그리고 푸른솔 반 공원 어디에 둘지 한참을 고민한다. 땅 아래에 둘지,
어제 본 나무에 올려 둘지... 다른 친구들도 긴장감을 가지고 아리에게
어디에 둘 것인지 물어본다. 친구들 사이에서 의견이 분분하다.
고민하던 아리는 땅 위에 올려 둔다. 아리가 선택한 '개미가 있어야
할 곳'이다.

세용: 땅속에 넣어야 해!
민준: 아니야. 개미는 땅 위에 제일 많아!
민규: 아리야, 어제 우리 나무에서 개미 나오는 것 봤잖아. 거기 집이라는 뜻이야!
아리: 땅 위에 있어야지 잘 안 보일 것 같아요. 새가 보면 어떡해요!

며칠 후, 어린이들은 숲 속 한 켠에 서 있는 은색 기둥에서 선명하게 보이는 무당벌레를 발견하였다.

서우: 이건 정말 무당벌레 틀림없어! 빨간색이야!
민규: 점도 있어! 이건 진~~~~짜 무당벌레야!
세용: 근데 왜 여기 있어? 괴물이 잡아갈지도 몰라.
시환: (나뭇가지를 들고) 자! 여기로 와! 얼른 나무에 숨어야 해! 안 그러면 괴물이 잡아먹을지도 몰라.

어린이들은 무당벌레가 괴물에 잡히지 않으려면 빨리 숨어야 한다고 말한다. 그러자 시환이는 비슷한 색깔을 지닌 나뭇가지를 들고 온다. 시환이가 생각한 무당벌레와 비슷한 색을 띈 안전한 곳인 것이다. 우리가 알고 있는 무당벌레는 보호색이 아닌 경계색으로 스스로를 보호한다. 하지만 어린이들은 자신들의 가설을 기준으로 무당벌레를 위한 자연물을 찾아준다. 찾아낸 나뭇가지의 색상이 제법 그럴듯하다.

다 이유가 있어!

숨바꼭질을 하지 않는 자연물

그런데, '숲속의 보호색'을 적용할 수 없는 자연물을 만나게 된다. 심지어 무당벌레처럼 옮겨줄 수도 없다.

시환: 버섯이야!!!
민규: 이건 독버섯이야! 노랗고 빨간 것은 독버섯이야!
민준: 독버섯은 조심해야 해!
세용: 얼른 숨어야 해!
민규: 독버섯은 독이 있어서 안 숨어도 괜찮아!

어린이들은 독버섯에 대해 알고 있었다. 독버섯에게 있는 독의 존재는 우리 또한 만지면 안 되는 것이었다. 그렇기에 독버섯은 숨바꼭질을 하지 않아도 되었다. 이는 '숲속의 보호색'에 맞지 않는 것이었다. 알았다고 생각하는 순간 반전을 맞이하게 된 것이다. 하지만 이를 통해 어린이들은 그동안 발전시켜나간 가설을 새롭게 수정, 보완해야 하는 기회를 가지게 되었다.

때론 '숲속의 보호색'을 벗어나서 그림으로 표현하는 시도도 생겼다. 수아는 친구들이 다 곤충에 초록색을 칠하고 있는 사이에서 핑크색, 노란색, 하늘색, 보라색 등을 골라서 펼쳐놓고 그림을 그린다. 어린이들은 수아에게 물어본다.

범기: 너는 왜 그런 색으로 그려? 야! 그러면 다 들켜!
세용: (아주 작은 소리로) 그러면 잡아먹힐 수도 있어!
수아: 야! 이건 여왕개미야! 여왕개미는 원래 예뻐!
세용: 솔이야, 그런데 잡아먹히면 어떡하려고~
수아: (잠시 생각하는 시간은 가진 후)
　　　여왕개미는 땅속에 집에 숨어 살아.
　　　내가 여왕 땅속에 숨겨 줄 거야.
민준: 맞아. 동굴에 숨으면 돼! 사실 땅속에 개미집이 있어!

수아도 숲속의 보호색을 알고 있었다. 하지만 늘 화려한 색상으로 예쁘게 그리는 것을 좋아하는 수아에게 갈색만으로 된 여왕개미는 적절하지 않다고 느낀 것 같다. 원 없이 예쁘게 표현하는 수아를 보며 오히려 친구들이 더 걱정한다. 여기서 수아는 여왕개미가 자신을 보호하는 또 다른 방법을 생각해낸다. 비록 '숲속의 보호색'은 아니지만, 적들이 찾아올 수 없는 '땅속 집'을 이야기하며 설득하는 것이다. 게다가 여왕개미의 주거지는 친구들도 알고 있는, 근거가 있는 이유였다. 결국 수아는 자신을 보호하기 위한 방식이 있다는 '곤충 숨바꼭질'에서 벗어나지 않았다.

다 이유가 있어!

어린이들은 '왜 안 보여?', '왜 숨었어?', '왜 안 숨었어?'로 이어지는 자연에 대한 궁금증을 친구들과 나누며 점차 '그들만의 이론'을 만들어갔다. 그것이 성인이 알고 있는 개념과 다르기에 틀렸다고 이야기할지 모른다. 하지만 어린이들이 구성해간 이론은 이름만 다를 뿐 우리가 알고 있는 개념, 그 이상의 자연의 원리가 담겨있다. 자연에 존재하고 있는 모든 자연물에는 저마다의 생존전략이 있으며, 그 중 '색'은 단지 곤충과 동물뿐만 아니라 모든 자연물들에게 중요한 보호 장치가 되어주었다. 열매가 초록색인 것은 적에게 잡아먹히지 않기 위한 것이었다. 독버섯은 독이 있기에, 여왕개미는 땅속에 집이 있기에 화려하게 색을 드러내도 괜찮았다. 어린이들은 틀린 개념이 아닌 더 깊은 뜻을 나름의 논리로 추론해 가며 자연에 다가가고 있었던 것이 아닐까? **자연의 색에는 다 이유가 있다.**

지식을 습득함에 있어 신속성과 효율성에 집착하는 우리 사회에서 자연의 섭리나 세상의 이치를 스스로 발견할 기회는 어린이들에게 좀처럼 주어지지 않는다. 그래서 어린이들은 책이나 성인의 말을 통해 새로운 개념을 접하고 손쉽게 그 정보를 받아들인다. 위의 사례에서도 어린이들은 타인이 정리해 준 '보호색'과 같은 자연의 이치를 책을 통해 지식적으로 알아갔을 것이다. 이렇게 획득된 지식은 어린이들에게 자연을 잘 알고 있다는 착각을 주기도 하지만 사실 이것은 단지 배움의 시작일 뿐, 끝이나 전부가 아니다. 어린이들은 이 추상적 개념을 온전히 자신의 것으로 만들 기회가 필요하다. 책에서 읽고 성인에게 들은 내용이 살아있는 그들의 지식이 되기 위해서는 어린이들이 실제 현상을 설명하는 데 그 단어를 적용해 보아야 한다. 그러면서 자신의 이해가 맞는지, 아니라면 어떤 측면을 보강해야 하는지 주변 사람들의 반응을 보며 알아갈 수 있다.

여기서 자연을 이해하기 위해 어린이들이 사용하는 생각의 도구는 여러 가지가 있다. 책을 읽고 영상물을 보는 것 이외에도 적극적으로 가설을 세워서 친구들과 토론하고 은유를 사용하여 새로운 표현을 고안해 내기도 한다. 이 사례에서 어린이들은 잘 모르는 현상이나 사물을 설명하기 위해 자신에게 익숙한 사물을 끌어들인다. 예를 들면, 나무 진액을 표현하기 위해 '물감'이나 '치약', '곤충 숨바꼭질'과 같은 어린이들의 은유적인 표현들은 어느 정도 그 특징을 담을 수 있는 임시적 도구인 것이다. 이 표현을 선택하고 수정하는 과정에서도 어린이들이 현상에 대한 배움을 이어가고 있는 것이다. 이처럼 어린이들은 책으로 혹은 간접적으로 노출되었던 특정 개념을 실제 자신의 경험에 대입하고 이해하기 어려운 현상을 익숙한 표현과 연결 짓는 과정에서 임시적 이해 혹은 가설을 지속적으로 변화시켜 나간다. 이런 어린이들의 시도를 성인이 존중해주고 지원하는 것이 자연을 이해하는 데 큰 도움이 될 것이다.

함께 배워가는 여정 : 잡초 이야기

만5세, 이지연 교사

재단의 교육철학을 접하기 전의 나는 '어린이들을 잘 가르친다는 것'은 곧 '좋은 수업을 계획한다'라는 의미와 같았다. 그래서 유아기에 반드시 배워야 하는 것들을 중심으로 좋은 프로그램을 구성하는 것이 교사의 가장 큰 역할이라 생각했다. 교사가 활동을 제시하면 어린이들은 재미있게 했던 것 같다. 하지만 돌이켜 보면 어린이들은 활동을 빨리 마치고 자신들이 주인공이 되는 놀이 속으로 돌아가고 싶어 했다. 어린이들의 가슴을 뜨겁게 달구진 못한 것이다. 그래서 나는 올해 기록작업과 컨설팅, 협의를 통해 내가 가르치고 싶은 것에서 벗어나 어린이들이 궁금해하는 진짜 관심에 귀를 기울여보기로 하였다. 일단 내가 궁금한 것을 물어보면 몇몇 어린이들이 대답을 해주었고, 나는 그것을 관심으로 생각하고 활동을 계획하였다. 그리고 기록작업 협의시간에 현장연구원, 동료 교사들과 함께 어린이들의 관심에 대한 이야기를 나누었고, 나는 3월의 불편했던 기억 하나를 떠올리게 되었다.

온누리반에서는 꽃가게 놀이가 한창 이루어지고 있었다. 3월이면 늘 봄이라는 생활주제에 맞게 제시해주던 놀이였다. 어린이들은 미술영역에 앉아 종이꽃을 접기도 하고 놀이터에 나가 살아있는 생화를 꺾어 오기도 했다. 그러다 지영이가 나에게 물어왔다.

지영: 꽃을 꺾지 말라고 배웠는데, 왜 꽃가게 놀이를 해요?

나는 할 말을 잃었다. 지영이의 질문은 교사 또한 곤란하고 있는 불편함에 정확히 명중하는 질문이었다. 나는 "이건 가짜 놀이잖아"라며 어린이들을 설득하고자 했지만 위기를 모면하고자 하는 스스로의 모습에 부끄러웠다. 이후에도 어린이들의 비슷한 궁금증은 수시로 반복되었고, 나는 그때마다 피하기 바빴다. 그럼에도 어린이들은 분명 본인들이 느꼈던 궁금증을 되새기며 그것에 대해 집중하고 있었다.
협의시간을 통해 이를 나누면서 모두가 한 번쯤 이러한 딜레마를 경험한 적이 있다는 것을 알게 되었다. 특히 영아반 교사의 경우, 자연의 생명성을 가르쳐야 하지만 봄꽃의 아름다움을 온몸으로 느끼고 싶어 하는 영아들의 마음도 이해가 되었다. 그리고 모든 교사들은 그 고민에 깊이 공감했다.
우리는 협의 끝에 이런 딜레마에 대한 어린이들의 질문에 답을 줘야한다는 생각을 내려놓기로 하였다. 그리고 이 질문을 어린이들에게 되돌려주고 어떻게 풀어나가는지 함께 들여다보기로 하였다. 이번 기회를 통해 누구나 가질 수 있는 딜레마에 대해 깊이 생각해보길 기대하였고, 마침내 더 이상 도망갈 수 없는 상황을 맞이하게 되었다.

2-3. 자연을 탐구하는 어린이의 가설을 격려하다

어린이들이 애정을 담아 키우고 있는 많은 작물 중, 빠른 속도의 성장을 보여주는 상추는 가장 인기 있는 텃밭 작물이다. 자연스레 물주기를 하며 상추 돌보기가 한창이던 그때, 해솔이가 질문을 했다.

해솔: 선생님! 그냥 풀처럼 생긴 잡초 말고 노란 꽃도 뽑아요?
교사: 어 ???….

나는 순간 당황하여 말문이 막혔다. 녹색 풀일 때는 죄책감 없이 뽑았던 잡초였는데, 주말 사이 노랗고 예쁜 꽃을 피운 잡초가 되자 꽃가게 놀이에서 경험했던 딜레마를 다시 느끼게 되었던 것이다.

해솔: 선생님, 이 노란 꽃은 뽑으면 안 될 것 같은데. 죽잖아요. 예쁜데….
교사: ……..
진결: 야. 그럼 잡초가 영양분을 다 빨아들여서 상추가 크게 못 자라.
　　　　그래서 뽑아야 해.
지영: 그럼 예쁜 꽃이 죽잖아.
진결: 여기는 상추 자리야.
　　　　(잡초가) 같이 살면 영양분이 모자라서 상추가 죽어.

'여태까지 잘 뽑아왔잖아…. 갑자기 왜 그래….' 교사인 나는 불편한 마음이 들었다. 나 역시 잡초는 뽑아야 한다고 배웠고 살면서 한 번도 꽃 핀 잡초를 뽑을지 말지 고민해 본 적이 없었다. 예전의 나였다면 이런 질문을 불편하게 생각하기보다는 "응~ 뽑아.", "응~ 그것도 잡초야.", "응~ 정리해." 하며 즉각 답을 주고 넘겼을 문제였다. 하지만 반복되는 불편한 마음을 매번 피할 수만은 없었고, 나는 해솔이의 질문에 멈춰 서서 먼저 그 마음에 공감해보기로 하였다.

언성이 높아져 갔다. 처음 잡초의 새집 마련 계획을 세우며 즐거웠던 마음은 온데간데없고
'누가 먼저 이사 얘기를 꺼냈는지'를 두고 서로 불편한 심기를 드러냈다. 되돌려주기가 아닌
싸움이 되는 것 같았다. 나는 왜 그 점을 어린이들이 중요하게 여기는지 궁금했다.
그러고 보니, 이야기나누기 시간뿐만 아니라 교사가 잡초에 대한 이야기를 꺼낼 때마다 땅을
보며 교사의 시선을 피하는 어린이들이 떠올랐다. 자신들이 보기에 분명 모든 답을 알고 있을
유능한 선생님이 계속해서 잡초를 어디에 옮겨주고 싶은지, 왜 그렇게 생각하는지 질문하는
것이 어린이들에게도 낯설고 어색해서 불편한 마음을 표현했던 게 아닐까.

나는 어쩌면 하루일과 중 잡초를 만날 때에만 어린이들에게 주도권을 주고 있었는지 모른다.
어린이들의 생각을 묻는데 그치는 것이 아니라 그 생각을 살피고 존중하는 교사의 모습이
되는데 많은 노력과 인내의 시간이 필요했다. 결국 기다림의 시간이 주도권을 가진 어린이로
성장하게 할 수 있음을 느꼈다.

기록을 되돌아보는 과정에서 *"너무 많아서, 이걸 어떻게 뽑냐."* 라고 하는 연후의 이야기를
발견하게 되었다. 싸움인 줄로만 알았던 대화 속에서 어린이들도 스스로 보기에 감당할 수 없는
일이라고 여기고 있었기에 부담감과 막막함을 느끼고 있다는 것을 깨닫게 되었다. 그러면,
'잡초 이사시켜주기'는 이대로 멈춰야 하는 걸까?
나는 이미 마음속으로 '이사'라는 종착지를 정해 놓았는지 모른다. 그런데 어린이들이 느끼는
막연함을 충분히 공감하게 되면서 다음으로 나아갈 방향을 잃었다. 얼마 후 현장연구원과의
기록나눔 협의에서 나의 고민을 다시 한 번 털어놓았다. 그리고 반드시 이사를 하는 것으로
끝나지 않더라도, 어린이들 스스로 잡초가 살기 좋은 자리를 생각해봄으로써 주변 환경을
고려해보는 과정이야 말로 의미 있는 경험이 될 수 있다는 것을 알게 되었다.

잡초가 살기 좋은 곳은?

우리는 잡초가 살기 좋은 장소에 대해 함께 생각해보고 그림으로 그려보기로 하였다.

소민: 놀이터는 친구들이 많아서 안 심심하고, 동생들 신발에는 흙이 잔뜩 묻어 있잖아. 그래서 신선한 흙을 많이 먹을 수 있어.

어린이집 실외놀이터

지윤: 소나무는 뿌리가 커서 영양분이 많아. 그래서 (잡초가) 조금 뺏어 먹어도 괜찮아.

어린이집 근처 소나무 언덕

어린이들은 흙이 풍부하며 친구들이 많고, 풀이 무성한 장소를 이야기했다. 교사의 예상과 달리 어린이들은 저마다 살아온 경험을 바탕으로 잡초가 살기 좋은 자리에 대한 조건들을 스스로 생각해 볼 수 있었다. 교사인 성인이 알려주지 않으면 모를 것이라 여겼지만, 어린이들도 스스로의 경험 속에서 이미 많은 것들을 아는 존재로 살아가고 있었던 것이다. '잡초가 어디에 살면 좋을지'의 주제는 다소 추상적이었지만 성인이 이사 자리를 고려할 때 친구나 가족이 집 가까이에 사는지, 마트의 거리가 가까운지, 고향처럼 익숙한 곳인지를 고려하듯 어린이들도 살기 좋은 자리에 대한 의미를 충분히 이해하고 있는 모습이었다.

잡초는 왜 뽑아도, 뽑아도 계속 생겨요?

그렇게 우리는 이사를 시작했다. 어린이들은 '잡초 이사시켜주기'라는 공동의 프로젝트 속에서 스스로 능동적인 존재가 되어 협력하고 즐거워했다. 누군가 시켜서가 아닌 스스로 하고자 할 때 느낄 수 있는 기쁨이었다. 어린이들의 이야기에 귀 기울이며 그들의 생각을 인정해주는 과정에서 이전에는 발견하지 못했던 '진짜' 관심을 드디어! 경험하게 된 것이다.

그러던 어느 날 갑작스럽게 찾아온 여름태풍 '링링'으로 이사시켜둔 잡초가 모두 날아갔다.

우민: 다 날아갔어. 다시 (이사) 해야 해.
연후: 다시?
연후: 야, 어차피 또 날아가.
우민: 그래도….
연후: 이사시켜주면 뭐해. 자꾸 또 자랄 텐데.

어린이들은 크게 상심했다. 태풍에 날아간 잡초를 보며 '끊임없이 자라는' 잡초의 근본적인 특성을 떠올린 듯, 잡초를 다시 이사시키기보다 잡초가 계속 자라는 이유를 탐구해보길 원했다. 어린이들은 스스로의 가설을 통해 잡초가 자꾸만 생기는 나름의 이론을 만들어갔다.

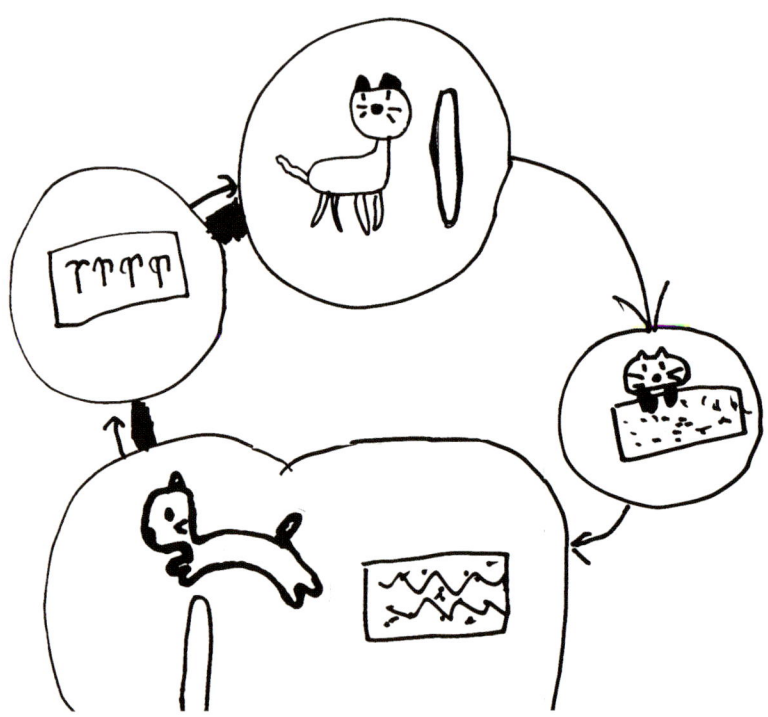

어린이들은 고양이, 바람 외에도 새가 평소 씨앗을 물고 다니기 좋아한다는 이유로 잡초 씨앗을 옮겼을 가능성을 주장했다. 대부분의 어린이들이 씨앗은 누군가를 통해 이동해야 한다는 원리를 경험을 통해 알고 있었고, 잡초가 상추의 영양분을 모두 빼앗을 걸 알기에 사람이 심은 것은 절대 아니라는 것이 공통된 의견이었다.

그러던 어느 날, 진결이의 새로운 가설이
등장하게 되었다. 바람으로 잡초 씨앗이 퍼지는
것 같다고 주장하던 진결이의 생각이 변화한
것에는 나름의 이유가 있었다. 곰곰이 생각하던
진결이가 입을 열었다.

*진결: 선생님, 바람이 아닌 것 같아요.
잡초는 바람이 안 부는 날에도 생기잖아요.
잡초 뿌리에 미세먼지처럼 작은 알들이
붙어있을 수도 있어요.*

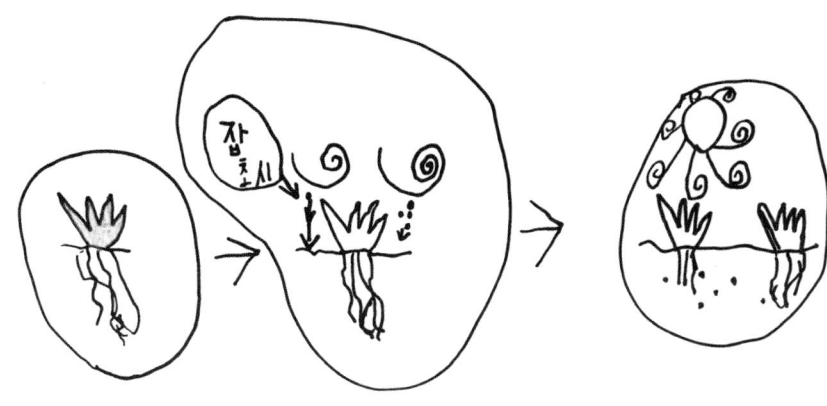

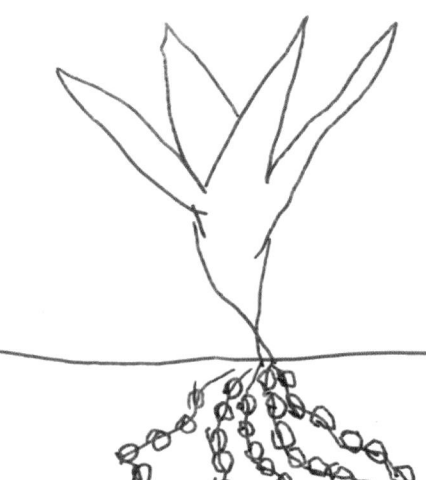

진결이는 잡초 뿌리에 미세먼지처럼 작은 알들이 붙어있어서, 뿌리째 뽑아내도 자꾸만
생기는 것 같다고 주장했다. 교사의 눈에도 진결이의 주장은 꽤 논리 있어 보였다.
다른 어린이들도 진결이의 '미세먼지처럼 작은 알' 가설에 공감했고, 진결이의 가설을
시작으로 눈에 보이지 않지만 계속해서 잡초를 자라게 하는 '알'에 대한 관심을 이어나갔다.

*해솔: 흙 속에 알이 많이 있으니까,
그걸 먹고 잡초가 계속 자라는 것 같아요.*

지윤: 잡초(알)는 땅속 보관함에 있다가 떼굴떼굴 굴러서 갈 곳을 정해요. 개미가 다니는 길로 다니고, 개미가 알을 굴려주기도 해요.

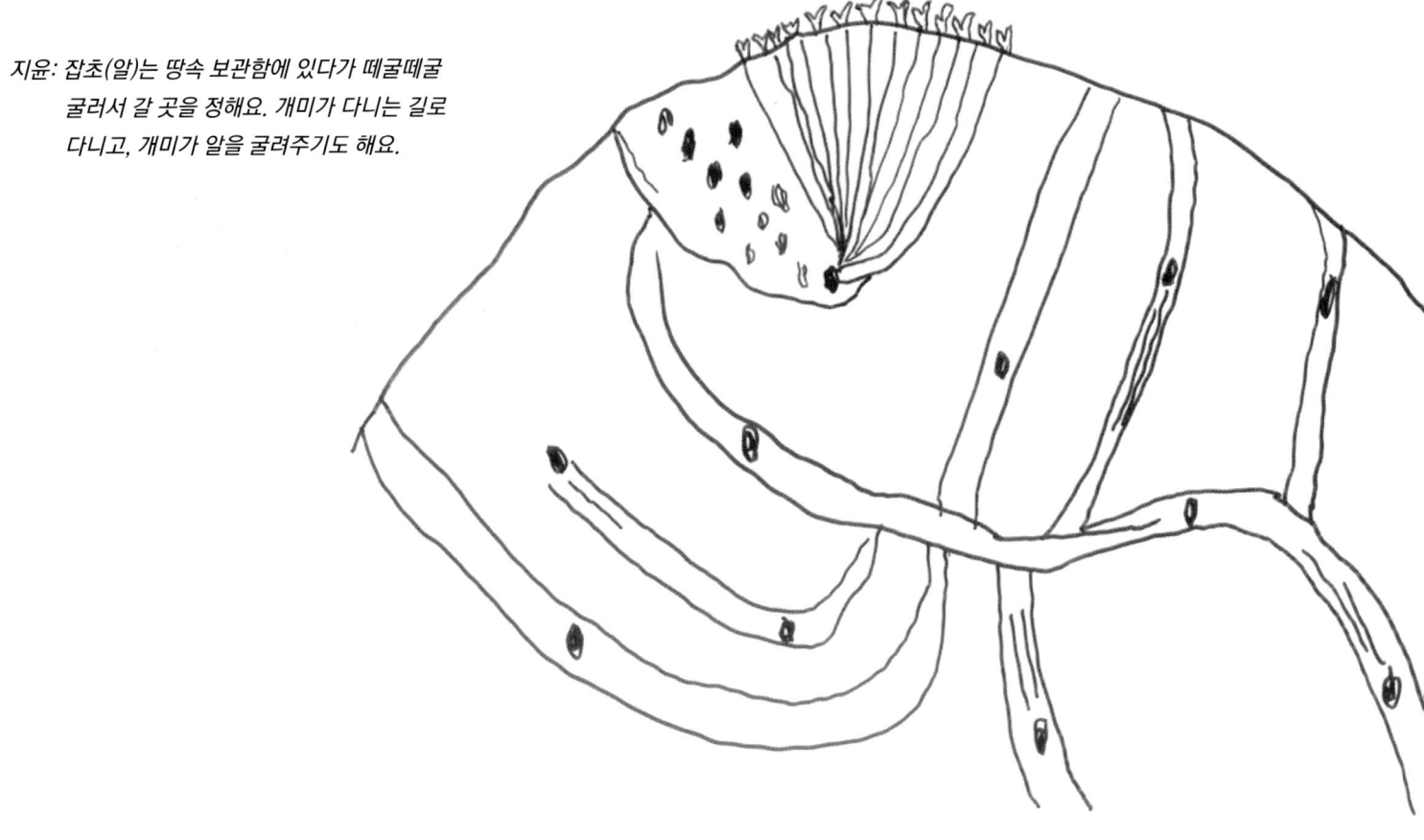

진결이의 가설 이후 어린이들의 그림 속에서 잡초를 자라게 하는 다양한 알에 대한 생각들을 만나볼 수 있었다. 어린이들이 말하고 있는 '알'이란 미세먼지처럼 작아서 우리 눈에 보이지 않지만, 강력한 영향력을 가지며 생명의 근원이 되는 존재였다. 어떤 경우에는 흙 속을 빼곡하게 채운 영양분으로 표현되기도 했으며, 누군가 심어주는 씨앗과 다르게 스스로 갈 곳을 정해 이동하고 생명을 유지하는 능동적인 존재로 표현되기도 하였다.

잡초를 통해 그동안 무심코 지나쳐 왔던 어린이들의 생각에 귀를 기울이게 되었다. 어린이들의 진짜 관심이 무엇인지 한번 들어보자는 다짐으로 시작했지만 그 길은 쉽지 않았고 여러 번의 망설임과 시행착오가 있었다. 내가 가진 기존의 교사 역할에 대한 틀을 버리고 새로운 눈으로 어린이들을 바라본다는 것은 기록작업 외에도 너무 많은 것들을 바꿔야 했다. 그럼에도 불구하고 점점 재미있어지는 잡초에 대한 기록이 나를 달라지게 했다.

학기 초, 어린이들의 마음에 공감하고 그들의 눈높이에서 질문하는 것이 내가 이해한 재단의 철학을 반영한 접근이라고 여겼다. 어린이는 유능하기에 교사가 공감하고 질문하기만 하면 그들의 무한한 생각을 들려줄 것이라 생각하였다. 하지만 교사가 여러 번의 망설임과 시행착오를 겪었듯 어린이들도 처음이기에 겪는 어려움이 존재했다. 늘 답을 이야기해주던 선생님이 물어오는 질문이 어린이들도 낯설고, 스스로의 아이디어였기에 따라오는 책임도 부담스러워하는 모습이었다. 하지만 이러한 과정을 거치며 어린이들은 우연히 발현된 관심을 친구들과 나누며 보다 깊게 생각해보는 시간을 가질 수 있었다. 올 한해의 기록을 돌아보며 교사로서 어린이들의 생각을 다시 한번 이해하고 그들의 가능성을 재발견하는 시간이 되었다.

교사로서의 많은 경험이 있음에도 재단 내 신입 교사이기에 재단의 중점보육과정을 이해하고 반영하기에는 머나먼 배움의 여정 중에 있다. 하지만 이번 '잡초'에 대한 기록을 통해 스스로 깨달은 점이 있다면 달라지려고 하는 선생님의 관점에 어린이들도 적응하는 시간이 필요하다는 것이다. 단순히 교사만의 변화로 완성되는 것이 아니라 그것을 받아들이고 이해하며 스스로 변화해 나가는 어린이들의 시간도 필요하다는 것, 그것이 나의 가장 큰 배움이었다. 지금도 잡초에 대한 우리들의 여정은 계속되고 있다. 어린이들의 잠재력을 믿고 기다려주는 교사로 이 배움의 여정에 앞으로도 용기 내어 함께해야겠다.

"선생님, 잡초 말고 노란 꽃도 뽑아요?" 우리에게 너무나도 익숙한 갈등 상황이다. 교사가 꽃이나 잡초에 대해 당연시 하던 행동에 대해 다시 생각해 보기로 하자, 이전에는 망설임도 없이 수행하던 것들이 곧 모순적 사례로 다가온다. 성인인 교사는 일단 답을 정하면 그 답에 대한 책임을 져야한다는 것을 알고 있다. 이것은 교사에게만 해당되는 것이 아니다. 교사가 익숙한 교수방식을 벗어나 어린이들의 관점이나 관심을 고려하여 상호작용하는 것에 대한 부담감이 있듯이, 어린이들도 새로운 학습 방식에 적응하는 것은 만만치 않다. 자신의 아이디어를 고수하고 그것의 당위성을 변호해야만 할 책임이 생기기 때문에 준비할 시간과 경험이 필요하다. 어린이들에게도 이와 같은 변화는 도전임을 깨닫는 순간 교사는 진정 어린이를 하나의 인식적 존재로서 존중하는 것이 된다.

교사가 어린이들의 생각을 존중한다고 해서 교사의 소임이 끝나는 것은 아니다. 성인인 교사가 항상 신속한 정답과 매끄러운 해결안을 제시해야만 하는 것이 아니라해도 교사는 어린이와 달리 한 차원 높은 책임이 있다. 갈등하는 어린이와 함께 정체되어 헤매면서도 어린이와 함께하는 경험의 근원적 목표가 무엇인지, 왜 지금 이런 경험을 하고자 하는지와 같은 교육적 기대 혹은 방향성을 잃지 말아야 한다. 위의 사례에서 교사는 모든 질문과 경험의 배경이 되는 맥락과 지향점에 대해 충분히 의식하고 있었다. 그랬기에, 말이 막히는 상황에서 교사는 "근데 이 많은 풀이 어디에서 왔을까?"라는 질문을 할 수 있었다. 교사의 질문에 힘입어 어린이들은 의견의 대립상황을 잠시 밀어두고 자연을 탐구할 수 있었고, "왜 잡초는 뽑아도, 뽑아도 계속 생겨요?"라는 자연의 생명성에 대한 어린이들 스스로의 질문을 공동의 화두로 이끌어낼 수 있었다. 이는 교사가 섣불리 단언하거나 쉽게 결론을 내리기보다는 어린이들이 생각하는 흐름을 따라가면서 진심으로 궁금해 하는 것이 무엇인지에 대해 고민했기에 가능한 것이었다. 그러자 어린이들은 잡초가 가진 '생명의 줄기찬 힘'에 대한 경이로움과 더불어 어떻게 그런 현상이 가능한지에 대해 나름의 가설을 쏟아내기 시작했다. 우리가 주변 세상을 알아가는 데 가설의 수립이 중요하다고 강조하더라도 이러한 가설은 갑자기 저절로 얻어지는 것이 아니다. 어린이들에 대한 진심어린 교사의 존중하는 태도와 현재 경험의 방향성에 대한 치열한 고민이 없었다면, 이 경험은 어린이들의 난무하는 주장과 교사의 정돈된 화초심기 활동으로 끝날 수도 있었던 것이다. 어린이와 교사가 함께 변화하고, 또 변해야만 함을 다시금 느끼게 하는 경험이다.

2-4. 자연과 어린이의 관계에 주목하다

\ 쉿! : 영아들의 생각과 마음이 담긴 자연놀이
\ 진짜... 애벌레가 살기 좋은 환경은?
\ 우리가 야생을 택한 이유

점차 '자연다운 자연'이 주위에서 줄어들고 있는 상황에서, 우리는 강박적으로 좀 더 원형에 가까운 자연을 찾으려는 본능을 발동시킨다. 도시에 사는 어린이들에게 자연은 바깥놀이, 산책, 소풍 등 특별하고 행사적인 성격으로 다가왔을 것이다. 또한 자연으로 둘러싸인 곳에서 사는 어린이들도 주변의 들판을 탐구하는 대신, 상대적으로 더 우거진 숲을 찾아 나가며 특별한 준비를 하고 자연을 만나기 쉽다. 교사의 입장에서는 자연을 만나는 것 자체가 매우 귀한 일이기에 가능한 한 배움의 효과가 커야만 한다는 생각에 많은 활동과 정보를 탑재하게 된다. 그렇다 보니 어린이들도 여유를 갖고 자연 속에 머물며, 자연을 마음으로 만나고 흥미롭게 들여다보기 어렵다. 과연 이것이 어린이들이 자연을 만나는 바람직한 접근일지 궁금해진다. 자연은 거대한 하나의 복합적 체제이고 우리는 그 안에서 조화롭게 공존을 도모하며 살아가야 한다는 관점을 받아들인다면, 어느 때보다 자연과 어린이의 관계 맺기를 격려하고 자연이라는 생태계를 이루는 요소들의 관계성을 어린이들이 깨닫도록 지원하는 것이 중요해진다.

우리가 인간 역시 생태계의 일부라고 바라보기보다 자연을 인간과 구분 짓고 대상화 하게 되면, 모든 자연 요소들은 우리에게 도움이 되는지 여부에 따라 양극화된 집단으로 나뉘게 된다. 이런 성인의 태도는 어린이들에게 영향을 끼쳐서 그들 역시 자연의 곤충, 자연의 사물을 지배하고 이용하거나, 아니면 말살시키려는 극단적 자세로 이어지기 쉽다. 자연과 인간, 즉 어린이가 대비되는 존재로서가 아니라 조화롭게 공존하려면, 어린이들에게 자연의 생명체들과 관계를 맺도록 격려하는 것이 필요하다. 어린이들이 애정을 갖는 대상의 움직임, 변화, 그리고 생사는 어린이의 관심을 집중시키고, 이 정서적 몰입과 감정이입은 어린이들이 다른 생명체의 입장에서 현실을 보도록 하고 그들의 생존 및 적응 전략도 이해하게 될 수 있다. 자연의 생명체와 관계 맺기도 중요하지만, 어린이들이 자신을 포함한 모든 생명체들이 서로 관계를 갖고 상호 얽혀있는 거대한 시스템 안에 속해 있음을 깨닫는 것도 중요하다. 사실 종의 보존, 생명의 순환과 같은 추상적 개념은 어린이들에게 쉽사리 다가가기 어렵다. 그러나 자신들이 흥미를 느끼는 대상이나 상황이라면, 어린이들은 인간의 행동이 자연에게 어떤 결과를 가져다주는지를 목도할 수 있고 그를 통해 우리가 놓치고 있던 자연의 생명력이나 생존 반응에 주목할 수도 있다. 이 세상 어느 것도 홀로 존재하지 않는다. 우리의 행동이 자연에 영향을 주고 그 자연의 변화가 결국 우리에게도 영향을 되돌려주는 구조, 즉 우리가 하나의 생태계라는 체제 안에 묶여있음을 어린이들은 포착할지도 모른다. 자신이 감당할 수 있는 범위에서 겪은 경험을 통해, 어린이들은 자연의 본질에 조금 더 가까이 다가가며 자연을 좀 더 이해할 수 있을 것이다.

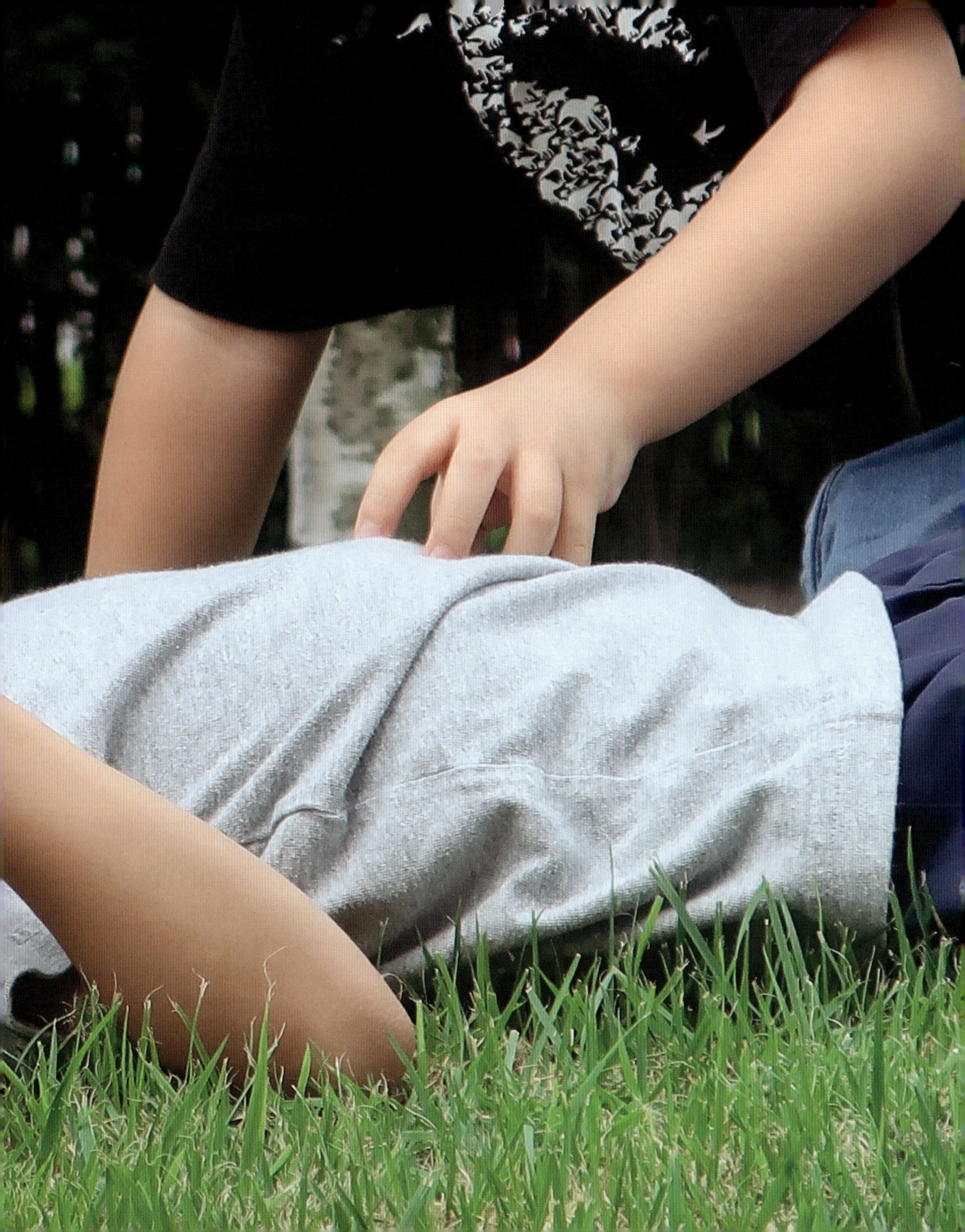

쉿! : 영아들의 생각과 마음이 담긴 자연놀이

만1세, 김민정 교사

장수풍뎅이가 흙 속이 아닌 놀이목 위로 거침없이 오르며 빠르게 움직이기 시작한다. 그 찰나의 순간을 영아들이 가장 먼저 발견하고는 집중하며 바라본다. 그때 들려오는 조용한 울림.

"쉬-잇!"

풍뎅이가 혹시라도 놀랄까 봐 걱정된 걸까? 아니면 풍뎅이의 움직임을 더 주의 깊게 보자는 제안이었을까? 영아들의 곤충에 대한 몰입과 존중감이 무척 깊고 따뜻하게 느껴진다.

곤충 놀이 공간이 생기다

새 학기를 준비하며 재단의 철학을 담아 교실 내 아뜰리에를 구성하기 위해 교사들과 공간에 대해 협의하게 되었다. 그 과정에서 지난해 만1세 영아들이 곤충에 많은 관심을 보였음에도 충분히 지원해 주지 못한 아쉬움을 나누게 되었다. '올해 만 1세 영아들에게도 곤충을 만날 기회를 주면 어떨까?', '영아들이 생명체를 받아들일 수 있을까?', '곤충을 통해 자연을 친근하게 느끼지는 않을까?'하는 기대감을 갖고, 곤충 영역을 구성해 주었다. 처음에는 곤충을 낯설어할 영아들을 고려하여 실제 모습과 가장 비슷한 곤충 피규어를 제공하였고, 영아들은 곤충 피규어를 가지고 놀며 또래들과도 적극적으로 만나 갔다.

2-4. 자연과 어린이의 관계에 주목하다

장수풍뎅이와 가족이 되다

곤충 피규어에 대한 관심이 높아질 때쯤, 우리는 장수풍뎅이 애벌레를 우리의 '가족'으로 맞이하게 되었다. 처음 애벌레를 관찰하게 된 영아들은 두려움보다는 호기심, 기대감, 설렘과 즐거움의 모습이었다. 흙 속의 애벌레 모습을 보기 위해 작은 숟가락을 가져와 조심스럽게 흙을 이동시키는 모습, 꼬물거리는 애벌레를 발견했을 때 큰 목소리로 외치던 옹알이들, 작은 재활용품에 물을 담아 애벌레에게 천천히 따라주는 모습 등 도구를 자발적으로 이용하고 언어적, 비언어적으로 표현해 나가는 영아들의 작은 시도와 변화들을 보게 되었다. 등원 시 울음을 터뜨리며 엄마, 아빠와 헤어지는 것이 힘들었던 영아들은 "풍뎅이 보러 갈까?", "풍뎅이한테 젤리 주러 갈까?"라고 제안하면 울음을 뚝 그치고 눈동자를 반짝거렸다. 어제 보았던 작고 신기한 장수풍뎅이가 오늘도 함께 할 거라는 기대감이 영아들에게 안정감으로 다가온 것이다.

"이야~ 이~"
(숟가락을 친구에게 건네주고 풍뎅이를 가리킨다.)
"이야! 야! 아니 아니."
(손으로 더 정확히, 더 가까이 장수풍뎅이를 가리킨다.)
"오. 이야~ 야~ 하하하~"
(교실 주변을 뛰어다니며 즐거움을 표현한다.)

장수풍뎅이 주변에 영아들이 다수 몰렸을 때 숟가락 '1개'를 가지고 한 명의 영아가 주도하여 풍뎅이를 찾거나 곤충의 실제 먹이인 젤리를 주기 시작하고 다른 영아들은 그 과정을 집중하여 바라본다. 장수풍뎅이를 만나기 위해 가지고 있던 숟가락을 사용 후 친구에게 자발적으로 건네주고, 또 친구가 숟가락을 사용할 때까지 기다리는 영아들의 모습은 놀랍기까지 하다.

'너도 한번 해봐! 정말 신기하고 재미있는 풍뎅이야.'라고 무언의 의미를 담아 자신의 생각과 마음을 또래와 공유하고자 하는 이 강력한 사인이 얼마나 의미 있는가!

장수풍뎅이에게 몰입해 가다

장수풍뎅이는 주어진 환경 속에서 다른 모습과 속도로 성장하였다. 탈피 변화과정은 시간이 지나면 볼 수 없는 순간이기에 적당한 시기에 타임랩스, 동영상 기능을 활용하여 장수풍뎅이의 움직임을 촬영하였고 이를 영아들에게 사진 또는 영상으로 다시 되돌려주었다. 이를 통해 영아들은 곤충과 더 깊이 교감해 갔고, 오랜 시간 동안 연결된 경험으로 곤충에 대한 민감성을 키우게 되었다. 애벌레를 시작으로 성충이 되기까지의 과정을 어린이집의 영아, 유아, 교사 모두가 함께 경험하며 곤충의 성장에 관심을 갖게 되었다.

"어어! 애. 애….”
"엄마(벌레), 아빠(벌레)”
"애벌빌”
"벌. 레!" (손으로 다리를 가리킨다.)
"다리! 여기 풍 다리~”
"날아! 날아! 이거~ 날아!”
"이렇게 해.” (신체로 표현한다.)

영아들은 직접 촬영한 장수풍뎅이의 변화과정을 보며 장수풍뎅이의 날개와 다리를 스스로 발견하고, 그 움직임에 집중했다. 그리고는 날개를 펼치는 장수풍뎅이를 보며 힘껏 두 팔을 벌려 날개짓을 하고, 풍뎅이를 부르는 마법 같은 말들을 내뱉기 시작했다.
단순한 탐색을 시작으로 언어, 동작, 그림, 점토나 도구를 이용하여 영아들만의 표상을 해 갔다. 곤충을 만났던 연속적인 경험들이 의미 있었기에 다양한 방법으로 표상해 갈 수 있는 것은 아닐까?

영아들은 성충이 된 장수풍뎅이가 죽고 난 이후에도 계속해서 유토, 피규어를 이용하여 자신의 생각이나 감정을 상징적으로 표현하며 오랜 시간 곤충영역에서의 놀이를 이어 나가고 있다. 어떻게 영아들이 이렇게나 몰입할 수 있는 걸까? 영아들의 관심을 읽어내고, 적절하게 지원하고자 했던 교사들의 노력이 함께 했기에 영아들의 관심이 지속되고, 몰입하며 성장해 갈 수 있었던 것 같다.

장수풍뎅이와의 한 살림은 자연 생태적 가치뿐만 아니라 다양한 영역에서의 발달을 도모하는 계기가 되었음을 알게 된다. 영아들의 유의미한 놀이가 교실에 생동감을 가져다주었다.

놀이에 힘입어 자연과 관계를 맺다

'만1세 영아에게 실물 곤충을?' 처음에는 살아있는 생명체를 보여준다는 것에 대해 우려와 걱정이 있었다. 곤충을 온전히 키워본 적이 없었으니 생명체를 다루게 되면 곤충의 죽음과 같은 예기치 못한 상황이 발생할 수 있었기 때문에 매일 고민의 연속이었다. 하지만 그래서 더욱 흥미로웠고 경이로웠다고도 할 수 있겠다. 가장 놀라운 것은 장수풍뎅이에 대한 호기심이 만1세 영아반에서만 이루어진 것이 아니라 어린이집 전체에 전파되었다는 것이다.

"장수풍뎅이 한번 보여주세요."
"알 낳았어요?"
"젤리는 먹었어요?"
"우리 반에도 있었으면 좋겠다…."

실외가 아닌 교실이라는 공간에서 곤충과 함께 살아가는 영아들의 경험들이 다른 반으로 이어지고, 가정으로 연계되면서 영아들이 만들어가는 '놀이의 힘'을 깨닫게 된다.
자연을 알아간다는 것은 무엇일까? 과연 자연을 교사가 가르칠 수 있는 것일까? 만1세 영아가 살아있는 작은 생명체와 함께 살아가는 것이 가능할지 교사 역시 의문을 갖기도 했지만, 영아들은 장수풍뎅이와의 만남을 통해 애벌레가 성충이 되기까지 계속해서 관계를 맺어가며 자연을 이해해 가고 있다는 것을 알게 되었다.

교사는 영아들의 경험을 돌아보는 기록작업을 통해 비로소 곤충을 바라보는 영아들의 눈빛과 손짓을 들여다보며 그들의 마음을 이해해 나갔고, 지속적으로 놀이에 몰입할 수 있도록 해주는 지원 방향에 대해 수없이 고민해 갔다. 그리고 적절한 교사의 지원이 더해질 때 영아들의 성장 또한 가속화되는 것을 알게 되었다.

영아들의 놀이에 대해 끊임없이 고민하고 방향성을 세우는 데 있어 가장 강력하게 존재감을 알리는 것은 곤충도, 교사도 아닌 만1세 영아들이었다. 그리고 영아들의 시선, 옹알이, 움직임, 시도 등을 통해 그들의 흥미와 욕구를 파악해 놀이를 지원하는 것은 교사에게도 또 다른 즐거움이었다. 교사와 영아 모두 몰입하여 배우고 성장하는, 의미 있는 시간을 보낼 수 있었다.

영아를 포함한 모든 어린이들은 움직이는 것에 흥미를 보이는 경향이 있는데, 자연의 생명체도 예외는 아니다. 이에 많은 교사들은 어린이들의 곤충 돌보는 활동을 위해 자연놀이 영역에 수많은 생명체를 들여온다. 그러나 통상적으로 영아들에게는 생명을 직접 돌보도록 하지는 않는다. 아마도 돌봄을 감당할 영아의 감수성과 능력에 대한 성인의 의구심 때문일 것이다. 여기서 봄에 수많은 애벌레와 장수풍뎅이를 교실로 들여오는 것이 과연 생명 존중 사상에 부합되는가에 대해서도 논의가 필요하지만, '발달적 적합성'이라는 개념에 얽매여, 어린이들의 경험을 나이에 따라 제한하는 것이 과연 최선인가에 대해서도 생각해 볼 여지가 많다. 그런데 기록작업에 담긴 글과 사진을 보면, 영아들의 몰입도가 높다는 것을 부인할 수 없다. 분명 이들은 자연의 생명체를 만나고 알아가는 즐거움과 깨달음을 얻고, 마음을 담아 개인적으로 혹은 집단으로 돌보며 생겨난 진정한 관계 맺기를 경험하고 있다. 이처럼 이 경험이 영아들에게도 긍정적이고 생산적이었던 것은 확실하지만 이 사례의 결과적 진술만 보고 우리는 어린이의 유능함을 찬양하며, '영아도 곤충을 갖고 놀이할 수 있다'라는 단순한 결론을 내릴 수 없다. 여기에서 교사의 역할을 차근히 들여다 볼 필요가 있다.

아동-주도적 경험이 강조되는 요즈음, 성인이 경험을 미리 계획하고 어린이들에게 제공하는 것이 적절한지 의문이 들 수도 있다. 그런데 자세히 살펴보면, 교사들의 작업과정에서 어린이의 존재감이 돋보인다. 우선, 교사들이 어린이들과 곤충을 만나게 해주려는 근거는 어린이들과의 이전 경험에서 나온 것이다. 지난 경험과 영아의 특성을 되돌아보며 교사는 교육적 기대를 수립한 후, 장수풍뎅이의 소개 방식을 결정하였다. 이후 어린이들을 섬세하게 관찰하고 기록작업을 돌아보며 속도를 조절하고 몰입을 이끌어 내었으며, 다양한 방식의 되돌려주기를 통해 자칫 분절될 수 있는 경험을 연결해 주었다. 교사가 곤충과의 만남을 먼저 제시하였지만, 관찰과 기록작업을 근거로 영아들에게 반응하며 이 모든 과정에서 신중하게 개입하였다. 이에 힘입어 영아들은 경험의 주체가 될 수 있었으며 서서히 나름의 방법과 타이밍에 따라 장수풍뎅이와 관계 맺기를 할 수 있었다. 이 사례를 통해 우리는 교사와 어린이가 모두 능동적인 상태로 참여하여 경험을 함께 만들어 나갈 수 있음을 볼 수 있다. 교사가 경험의 교육적 가치를 미리 충분히 고민하고 어린이를 존중하는 자세로 협의하며 비계를 설정해 준다면, 어린이와 교사가 모두 주역이 되는 경험이 가능함을 보여주고 있다.

진짜... 애벌레가 살기 좋은 환경은?

만4세, 전슬기·황수민 교사

장수풍뎅이가 죽었어요!

교실의 한 구석에서 봄부터 키우기 시작한 장수풍뎅이 애벌레는 번데기가 되고, 여름이 시작될 무렵 성충으로 자라나
여러 알을 낳았다. 알을 낳고 얼마 후 장수풍뎅이는 죽었고, 어린이들은 죽은 장수풍뎅이에 많은 관심을 가졌다.

리솔: 장수풍뎅이가 안 움직여! 몸도 뒤집혀 있어!
세현: 장수풍뎅이가 이상한데? 이거… 죽은 거 같은데?
솔희: 아… 엄마, 아빠가 죽어버려서… 애벌레가 불쌍하다.
        그럼 땅에 묻어줄까? 청개구리 엄마도 죽을 때 땅에 묻었었는데.
민우: 아! 그러면 되겠다! 사람도 죽으면 땅에 묻히기도 하잖아.
솔희: 맞아. 그리고 땅에 묻으면 마음이 하늘로 날라 갈 수 있어. 그래서 땅에 묻어줘야 돼.

장수풍뎅이 애벌레가 자라 알을 낳기까지 다양한 변화의 과정이 있었는데도 어린이들은 그 어느 때보다 죽은
장수풍뎅이에 더 많은 관심을 갖고 들여다본다. 그리고는 장수풍뎅이의 죽음을 안타까워하며 땅에 묻어주고 싶어 했다.
어린이들은 잔디밭, 오솔길, 공원, 텃밭을 둘러보며 죽은 장수풍뎅이를 묻기에 적합한 장소를 찾아갔다. 우리가 자주
올 수 있도록 어린이집 현관에서 멀지 않으며, 죽은 장수풍뎅이가 마음껏 돌아다닐 수 있게 땅이 촉촉하고, 나무가 많아
그늘진 곳이어야 시원하게 지낼 수 있을 거라고 한다. 죽은 장수풍뎅이를 묻으며 어린이들은 장수풍뎅이의 입장에서
생각해 보게 되었다. 장수풍뎅이를 키울 때보다 죽고 난 후에야 장수풍뎅이를 이해해 가기 시작한다는 것이
교사에게도 흥미롭게 다가왔다.

민우: 그 동안 고마웠어. 잘 지내.
수현: 장수풍뎅이가 좁은 유리에 갇혀서 힘들었을 거야.
소원: 맞아, 답답했을 것 같아.
리솔: 그 동안은 우리가 관찰했어야 하니까….
수현: 이제 넓고 나무도 많고 바람도 있고, 해도 있고,
 시원한 자연으로 돌아 왔으니까 마음껏 돌아다닐 수 있을 거야.
리솔: 맞아, 밖으로 나오니까 기분 좋을 것 같아.
소원: 이제 자연으로 돌아왔으니까 더 행복해.

죽은 장수풍뎅이를 묻고 온 후, 요란한 천둥소리를 내며 먹구름이 몰려오고 비가 내리기 시작했다. 어린이들은 창밖을 바라보며 묻고 온 장수풍뎅이를 생각한다.

세현: 장수풍뎅이가 비에 쓸려 내려가는 거 아니야?
소원: 흙으로 잘 덮어줬으니까 괜찮을 거야.

장수풍뎅이가 남기고 간 여덟 마리 애벌레들

"와, 애벌레야!"
"오, 대박! 큰일 날 뻔 했다."

장수풍뎅이가 살았던 상자를 정리하며 남은 흙을 텃밭에 버리다가 그 흙 속에서 애벌레 네 마리를 발견하게 되었다. 장수풍뎅이가 죽기 전에 네 개의 알을 낳은 줄 알았는데, 흙을 정리하다 네 마리의 애벌레를 더 발견하게 된 것이다. 장수풍뎅이가 죽어서 가라앉아 있던 분위기가 순식간에 놀라움과 흥분으로 변화되는 순간이었다.

제아: 교실에 네 마리 애벌레가 있으니까 같이 살 수 있게 해주고 싶어요.
소원: 같이 있으면 외롭지 않고 좋을 것 같은데….
세윤: 근데 애벌레는 숲에서 살잖아. 밖이 더 좋을 수도 있어.
리솔: 그건 안 돼. 우리가 볼 수 없으니까.
세원: 그럼 애벌레가 외롭지 않게 친구도 만들어줄까?
세윤: 좋아! 자연에는 꽃도 있잖아~ 색종이로 꽃도 접어주자!
제아: 우리가 애벌레가 더 살기 좋은 환경을 만들어주자! 교실을 숲처럼 꾸미면 좋을 것 같아.

뒤늦게 네 마리의 애벌레를 발견한 기쁨도 잠깐이었다. 어린이들은 죽은 장수풍뎅이가 남기고 간 여덟 마리의 애벌레를 어떻게 하면 잘 키울 수 있을지를 걱정하면서 애벌레가 살기 좋은 환경을 고민하기 시작했다. 처음 장수풍뎅이를 키울 때는 전혀 생각하지 않았던 '장수풍뎅이가 살기 좋은 환경'을 어린이들은 장수풍뎅이의 죽음 이후에야 생각해 보게 된 것이다. 어린이들은 여덟 마리의 애벌레를 잘 키우고 싶은 마음에 교실을 숲처럼 꾸며주기로 했다. 산책길에 자연물을 모아 애벌레 옆에 놓아주고, 여러 가지 사료도 꽃, 나무, 잠자리 등을 만들어 주면서 사연을 덮은 공간을 구성해 갔다.

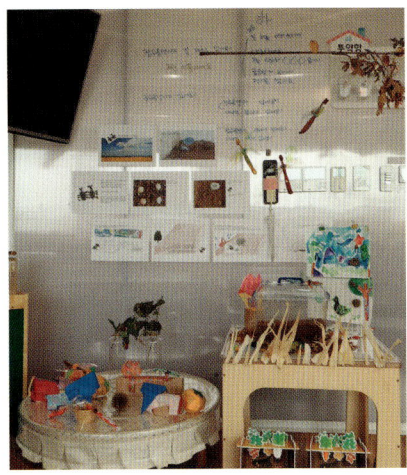
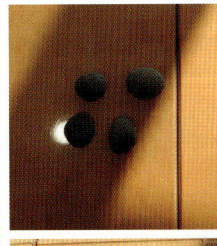

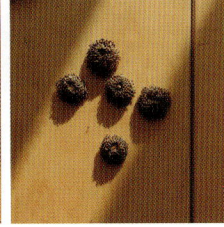

다 사라지고 남은 애벌레 한 마리

"선생님! 애벌레가 잘 있는지 궁금해요."

애벌레를 키우며 애벌레가 살기 좋은 환경을 만들어 가고 있는 어린이들은 언제부턴가 애벌레의 안부를 궁금해 하기 시작했다. 죽은 장수풍뎅이가 남기고 간 애벌레에 더 많은 관심을 갖고 정성을 다하고 있었기에 기대감을 가지고 흙을 파보았다. 그런데 흙 속에 딱 한 마리의 애벌레만이 있었다. 일곱 마리의 애벌레는 어떻게 된 걸까? 애벌레가 살기 좋은 환경을 만들어 주기 위해 숲을 꾸며가고 있던 어린이들과 교사 모두에게 큰 충격이었다.

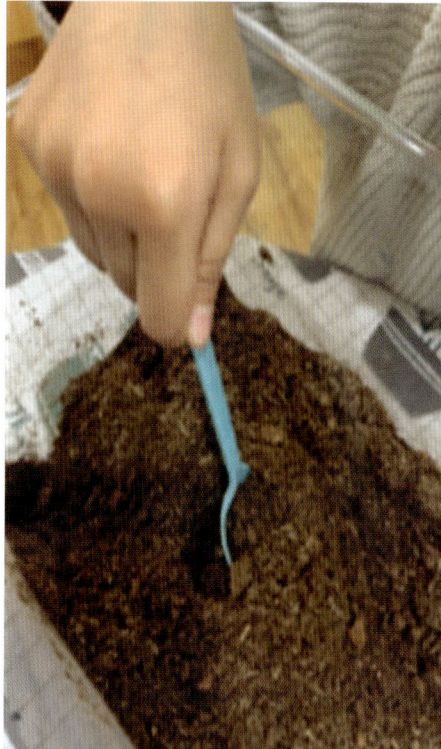

제아: 일곱 마리 애벌레는 여기가 진짜 자연이 아니라고 확신해서 우리가 잘 때
  몰래 밖으로 나간 거 아니야?
선재: 맞아! 우리 집에 있던 장수풍뎅이 애벌레도 자연으로 돌려보내 줬어. 밖에 놓아주자.
리솔: 안 돼. 그럼 우리가 보고 싶을 때 볼 수 없잖아.
소원: 맞아. 그리고 밖에는 까치들이 잔디밭에 있는 애벌레도 잡아먹는데
  지금 놓아 주면 잡아먹힐 거야.
세윤: 아! 종이꽃에는 향기가 나지는 않아. 우리 집에 향수 있는데 그거 뿌려줄 걸….
  교실에는 바람도 없잖아. 잠자리도 움직이지 않고….
소원: 어? 그럼 에어컨이랑 선풍기를 세게 틀어놓으면 잠자리가
  진짜 날아가는 것처럼 보일 수 있겠다.
선재: 그래도 그건 진짜 자연이 아니야.
  나는 진짜 자연으로 돌려보내 주는 게 행복할 것 같아.
제아: 그럼 이건 어때? 지금은 까치가 잡아먹을 수도 있으니까 우리가 키우고
  번데기가 되고 성충이 되면 돌려 보내주자.

어린이들은 남은 한 마리의 애벌레를 놓고, 애벌레가 살기 좋은 환경에 대해 다시 고민하기 시작했다. 진짜 자연에 대해, 진짜 자연으로 애벌레를 돌려보내 주어야 하는 것은 아닌지... 애벌레를 곁에 두고 싶은 마음도 여전히 있지만 애벌레가 살기 좋은 자연으로 돌려보내주어야 한다는 목소리도 조금씩 커져 가고 있었다.

생명의 터전으로써 자연

교사: 애벌레가 살기 좋은 환경은 뭐라고 생각해?
수현: 밖에요! 밖에처럼 넓어서 마음껏 돌아다닐 수 있는 곳이요.
세윤: 어~ 그리고 진짜 향기 나는 꽃도 있어야 돼요.
소원: 에어컨이랑 선풍기 안 틀어도 바람이 부는 곳이 진짜예요.
세현: 체육 하는 것처럼 막 뛸 수도 있어야지~
연후: 곤충들이 사는 곳도 자연이에요.
규현: 흙도 있어야 장수풍뎅이랑 애벌레랑 잘~ 살 수 있어요.

교사는 장수풍뎅이 애벌레가 번데기가 되고 성충이 되어 알을 낳는 순환의 과정이 자연 관찰의 일부라고 생각해 왔다. 그렇기에 해마다 봄이 되면 장수풍뎅이 애벌레를 가져다 교실에서 키우는 것을 당연하게 여겼다. 그리고 장수풍뎅이가 죽으면 묻어주는 것으로 활동을 마무리했었다.

그러나 어린이들의 관심에 귀 기울여 보는 과정에서, 어린이들은 장수풍뎅이가 살아있을 때보다 죽었을 때 더 많은 관심을 보인다는 것을 알 수 있었다. 죽은 장수풍뎅이가 남기고 간 애벌레들에게 특별한 애정을 쏟으면서 진짜 장수풍뎅이가 살기 좋은 환경을 고민하기 시작했고, 자연을 눈으로 만나가던 어린이들은 보이는 자연의 모습뿐만 아니라 보이지 않는 자연의 향기, 바람, 소리 등도 느끼고 만나갔다. 그렇게 장수풍뎅이의 죽음으로 인해 시작된 여정을 통해 어린이들은 자연을 보다 더 깊이 있게 들여다보고, 자연에 대해 진지하게 생각하며 이해하는 시간을 가지게 되었다.

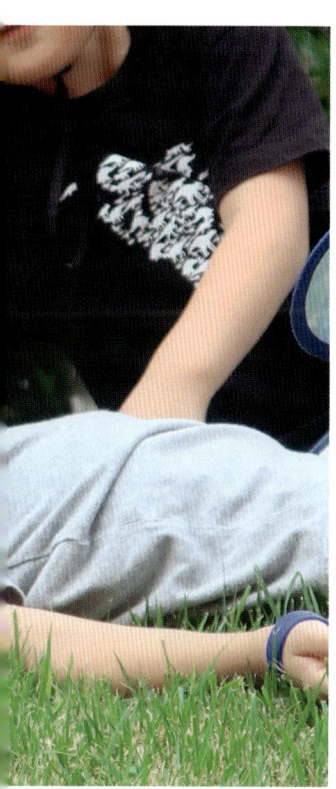

위의 이야기는 두 가지 차원에서 교육자인 우리들에게 시사점을 제공해 준다.

첫째, 어린이들은 자신들이 의미를 두는 구체적인 경험을 통해 거창하고 추상적인 개념을 이해하게 된다는 점이다. 어린이들에게 자연과 생명은 소중한 것이므로 잘 다루어야 한다는 교훈은 겉돌기 쉽다. 자신들이 봄부터 키워온 장수풍뎅이였기에 애정을 느끼고, 풍뎅이의 죽음은 '더 이상 함께 하지 못하는 아쉬움'으로 다가올 것이다. '비'라는 자연 현상도 더 이상 물이 하늘에서 떨어지는 무심한 현상이 아니다. 마치 자신들이 밖에서 비를 맞는 것처럼 죽은 풍뎅이가 물에 쓸려 내려갈 수도 있다는 위기감을 절실하게 불러오는 능동적 요소인 것이다.

둘째, 자연은 순환하며, 시작과 끝이 연결되어 있다는 점이다. 생명이 반드시 시작점이 아니며 죽음 역시 종착점이 아니다. 고정관념과 편협한 이기심에 따라, 우리는 곤충과 생명체를 어린이들이 자연을 알아가기 위한 교육적 수단 혹은 도구로서 사용해왔다. 따라서 생명을 잃은 곤충은 더 이상 배움을 주지 않으므로 그 효용성이 사라지기에 우리는 그 처리 방법에 대해 고민한다. 그런데 이번 이야기에서 어린이들은 역설적으로 주검의 현장에서 살아있는 애벌레, 즉 죽음과 삶이 교차하는 현장을 포착하고 이에 특별한 경이로움과 애정을 느끼게 된다.

이 경험 속 어린이들은 더 이상 비, 바람, 흙 등을 생명과 무관한 수동적 배경으로 바라보지 않는다. 이제 자연은 자신들에게 소중한 애벌레에게 생명력을 제공하는 터전으로 새롭게 바라보고 있다.

우리가 야생을 택한 이유

만0~5세, 성연화·임동은 교사

'자연놀이' 하면 나무, 꽃, 흙 등 우리 주변의 다양한 자연물이 떠오른다. 우리 어린이집의 실외 공간은 넓은 잔디밭과 나무와 꽃으로 훌륭하게 조경되어 있다. 잔디밭은 주기적인 제초작업으로 깔끔하게 관리되고, 한쪽에는 텃밭이 있어 어린이들과 함께 작물을 키우고 수확해보는 경험을 제공할 수 있다. 이 정도면 꽤 좋은 여건을 갖추어서 전형적인 자연놀이가 잘 이루어질 것이라고 우리는 막연하게 예측했다. 하지만 학기가 시작되는 3월에는 꽃도, 나무의 나뭇잎도 자라지 않았고 텃밭에도 정돈되지 않은 흙뿐이었다. 텅 빈 듯 적막한 실외 공간에서 자연놀이를 풀어가려니 무척 막막했다. 모든 교직원이 함께 협의한 끝에 영아반은 가락시장과 근접한 위치라는 점을 활용하여 식재료를 탐색하며 자연의 속성을 만나기로 했고, 유아반 중 사과반은 현관 앞에 방치된 큰 화분을 교실로 들여오게 되었다.

유아반 교실로 온 화분 : 자연보호라는 익숙한 목표에 의문을 갖다

무관심 속에 돌봄을 못 받아 나뭇잎도 거의 없는 큰 화분들을 교실로 들여오며, 우리는 어린이들이 이 식물을 돌보면서 발견하는 변화를 통해 자연의 특성과 만나기를 기대했다.

교사의 의도대로 어린이들은 화분에 물을 주고, 나무에게 잘 자라라고 말하는 아름다운 모습을 보여주었다. 해맑은 표정으로 분무기를 뿌리며 *"나무야, 쑥쑥 자라라!"* 하는 모습은 교사들이 기대한 나름 이상적인 풍경이었다. 어린이들이 나무와 친해지고 나무의 생명성을 존중하는 태도를 제법 갖추기 시작했다고 생각했던 때, 교사들이 예상치 못한 사건이 발생한다.

나뭇잎에는 처참하게 잘린 자국이 남아있었고, 민서의 손에는 가위가 들려있었다. 물을 주고 있던 민서가 가위로 나뭇잎을 잘라버린 것이다. 민서 옆에 서 있던 서연이도 교사의 표정을 읽었는지 당황한 기색이 역력하다.

교사: (당황스러웠지만 마음을 정리하고) 민서야, 그럼 나무가 아프지 않을까? 가위로 자르고 싶으면 종이를 오리는 건 어때?
민서: (가만히 생각한 후) 그럼 종이도 아프잖아.

민서의 대답에 머리가 아파온다. 민서는 우리가 생명체로 키우고 있는 나뭇잎과 무생물체인 종이를 같은 선상에서 바라보고 있다. 모든 것에 생명이 있는데 선생님은 왜 나뭇잎만 아프다고 생각하는지 이해가 되지 않는 것 같았다. 민서가 나무를 돌보며 식물의 생명성을 잘 이해하고 있다고 생각한 것은 교사의 착각이었다. 민서에게는 생명과 생명 아님에 대한 경계가 없는 것인가?

나뭇잎이 아프다니까 민서는 나뭇잎에 물을 뿌려주고, 잘린 부분에 풀을 발라주기 시작한다. 이어서 나뭇잎의 상처 부위를 면봉으로 문질러준다. 생명인지가 확실치 않은 이 상처받은 나뭇잎을 치료해주기 위해 자신이 알고 있는 모든 방법을 시도해본다. 그렇다면 민서의 나뭇잎 자르기는 나뭇잎을 아프게 하려는 게 아니라 가위로 잘라보면 어떻게 될지 궁금해서가 아닐까?

우리가 어린이들에게 바랐던 자연놀이는 자연과 친해지고, 자연을 존중하는 태도를 기르는 것이었다. 그 방법 중 하나로 자연을 눈으로만 감상하도록 했던 우리는 민서의 모습에서 어린이들은 자연에 조금 더 적극적으로 다가가고 싶어 한다는 것을 알게 되었다. 우리의 의도는 확고했지만 어린이들이 정작 자연과 어떻게 관계를 맺어갈지에 대해서는 깊게 생각해보지 못했다. 그러던 중 교사 협의를 통해 어린이들이 자연에 다가가게 하려면 우리의 '자연보호'라는 틀을 조금은 깨고 **자연을 자유롭게 탐색할 시간**을 주어야함에 동의하게 되었다. 자연을 눈으로만 감상하고 만지면 안 되는 것으로 어린이들이 인식하는 것이 과연 옳은지에 대해 의문이 생겨났기 때문이다.

꺾어 온 꽃 : 생명성의 비밀을 발견하다

바깥놀이 시간에 둘러보니, 텃밭에 이름 모를 꽃 하나가 놓여 있었다. 곧이어 종윤이가 물뿌리개를 들고 나타난다.

종윤: 여기 심어서 물 주려고. 쑥쑥 자라게.

첫째 날, 민들레를 심었는데 자꾸 고개를 숙이자 돌베개를 받쳐주고 이불도 덮어준다.

종윤: 꽃 힘들대. 꽃이 조금 쉰대.

하지만 다른 교사가 본 상황은 조금 달랐다. 종윤이가 '떨어졌다'고 말한 꽃은 사실 꺾어온 것이었다. 꽃을 꺾은 행위를 바로 잡아주어야 하는지 고민했지만, 종윤이가 꽃을 대하는 모습을 보면 꽃을 해하려는 느낌은 들지 않았다. 오히려 꽃이 살아있다고 철석같이 믿으며 정성스럽게 대해주었다. 종윤이가 잘 자랄 것이라 믿는 꽃은 뿌리가 없어서 분명히 점차 시들어 죽을 것이다. 하지만 꽃이 곧 죽을 거라 말하는 대신 종윤이의 믿음을 지켜줘 보기로 한다.

둘째 날, 잔뜩 오므려든 꽃을 만났지만 종윤이 눈에 죽은 것 같지는 않은가보다. 더러운 물을 준 탓이라 여기고 친구들과 앵두씨를 모아 '꽃의 먹이'라며 밥을 주고 보살핀다.

교사: 어? 꽃이 왜 이렇게 됐지?
종윤: (고민하다가) 음… 오늘은 쉰대! 내일 다시 일어날 거야. 내가 흙탕물을 줘서 그래.

꽃이 죽었다고 믿지 않는 종윤이는 연약한 꽃이 한 번 더 힘을 내서 일어나길 바라며 다정한 행동으로 배려심과 보살핌을 표현한다. 단순히 꽃을 꺾지 않는 것과 힘이 없는 꽃을 위해 열매를 찾아주고 보살피는 것, 어떤 것이 꽃을 위하고 공감하는 마음에서 우러나오는 행동인가를 생각해보게 되었다. 종윤이의 꽃을 함께 관찰하며 교사도 꽃의 변화가 기대되기 시작했다. 뭔가 우리의 예상을 빗나가는 변화가 일어나고 있다는 징후가 보이기 시작했기 때문이다.

주말 지내고 온 날, 꽃은 완전히 달라져 버렸다. 하얗게 홀씨를 맺었고 강한 바람과 비마저 내린 이후에는 종윤이가 심은 꽃은 보이지 않았다. 하지만 종윤이는 태연하게 씨가 되어 땅으로 갔다고 설명한다.

교사: 씨가 됐네?
종윤: 아… 민들레 씨가 땅으로 들어간 거야.

교사도 종윤이의 꽃 심기 과정을 함께 따라가 보며 꽃이 꺾인 채로 이러한 변화를 거칠 수 있다는 것을 처음 알게 되었다. 어쩌면 '꽃은 꺾으면 죽는다.'와 같은 개념은 식물에 대한 아주 표면적이고 정형화된 지식의 일부가 아닐까?

보통 우리는 자연을 대할 때 어린이들에게 "만지지 않으면 좋겠어.", "꺾으면 꽃이 아플 것 같아."라고 이야기하곤 한다. 자연을 위하고 존중하는 마음을 우리는 이처럼 '행동을 제한하는 말'로 가르치지만 자연에 다가가고 싶은 어린이들은 몰래라도 금지된 규칙을 어기고 시도해본다. 사실 어린이들은 풀, 꽃과 같은 자연의 산물을 눈으로만 보는 것으로 친해지지 않는 것 같다. 손으로, 몸으로, 냄새로 자연과 접촉하면서 이루어지는 일인 듯하다.

원장: (홀씨로 변한 사진을 보며) 그 꽃이 이렇게 변했다구요?
임동은 교사: 민들레 홀씨처럼 후~ 불어지는 홀씨가 아니었어요.
이승연 교사: 꽃이 꺾였는데 어떻게 저렇게 변해요?
이지혜 교사: (핸드폰 검색하며) 무슨 꽃인지 찾아봐야 될 것 같아요.
교사들: (놀라서 모두들 핸드폰으로 '민들레' 관련 정보 검색하느라 바쁨)

협의 시간에 전체 교사들과 종윤이와의 경험을 공유했다. 모든 선생님들이 질문을 쏟아내고 무슨 꽃인지 궁금해 하며, 열띤 검색 끝에 '방가지똥'이라는 잡초라고 결론짓게 되었다. 하지만 이와 같은 토론은 기록을 접한 재단에서도 이루어졌고, 식물학 분야 전문가의 조언으로 수분이 안 된 민들레가 남기는 홀씨는 우리가 알던 모습과 다름을 이후에야 알게 되었다. 기록을 공유함으로써 한 집단에서 결론 맺은 지식의 오류가 발견되고 또 다른 지식을 얻게 되는 과정에서 우리는 열린 소통의 중요함을 배우게 되었다. 또한 우리가 가진 '민들레'에 대한 지식이 참으로 얕다는 것과 복잡하고 견고한 식물의 생명 보존과 유지를 위한 끈질긴 노력에 놀라고 감탄하게 되었다.

종윤이의 시각에서 민들레는 씨가 되어 다시 땅으로 돌아갔다. 꽃은 꺾는 순간 죽지 않았고 시간이 흐름에 따라 모습을 바꾸어 다시 살아날 준비를 하고 있었다. 움츠러들고 솜털을 내며 변화를 시도하는 민들레의 모습은 종윤이에게 죽음의 현상으로 보이지 않았을 것이다. 어쩌면 죽음에 대한 경험이 적은 어린이들이 꽃이 피고 지고 다시 피는 이 자연의 순환성을 더 쉽게 이해하고 받아들이는지도 모른다.

잡초정원 : '자연스럽게' 자연과 만나다

우리가 접한 자연의 신비로움을 다른 어린이들도 경험한다면? 논의 끝에 우리는 **야생(잔디밭의 잡초화)**을 선택하게 되었다. 하지만 사업체 조경 사업에 어린이집 잔디밭도 포함되어 있어 최종협의가 필요했고, 다행히 조경담당 부서에 있는 학부모님과 위의 사례를 얘기하며 제초작업을 중지하기로 결정하였다. 날 것 그대로의 자연을 어린이들이 접할 수 있도록 교사와 부모가 함께 선택한 것이다.

눈을 즐겁게 만들기 위해 조경의 대상이었던 잔디밭은 제초작업을 중단하자 왕성한 생명력을 발휘했다. 이름 모를 다양한 풀들이 여기저기 자랐고 좀처럼 들을 수 없던 풀벌레 소리도 들려왔다. 사람들이 일부러 가꾼 인위적인 조경을 훼손할까 봐 어린이들에게 말로, 환경 교육으로 '눈으로만 보자'던 슬로건은 폐기처분 되었고 어린이들은 자연스럽게 풀을 만지고 따고 벌레 소리를 들으며 자연과 적극적으로 만나게 되었다.

제초작업 된 평상시 모습

제초작업을 중지한 후

다운(만0세)이는 풀숲에 있는 교사를 만나기 위해 잔디밭에 발을 들인다. 다운이 시선에서 자신의 키를 훌쩍 뛰어넘는 잡초들이 즐비하다. 당황하여 두 손으로 얼굴을 가리며 두려워하다가 고민 끝에 서툰 걸음으로 걷기 시작한다. 긴 풀들을 피해 양 팔을 들어 올려 중심을 잡으며 풀 사이를 가까스로 지나 선생님에게 안긴다. 작은 다운이에게 우리의 잡초정원은 헤쳐 나가고 싶은 정글이며 이전에 경험하지 못한 난관이고 모험이었을 것이다.

키가 커진 풀들 덕분에 어린이들(만5세)이 정원을 뛰노는 자세도 달라진다. 기다란 풀숲을 넘기 위해 다리를 높게 들어올린다. 달리기를 하다 넘어진 혜은이는 바지에 묻은 흙을 툭툭 털어낸다. 그리고는 마치 자신을 보호해 줬다는 듯이 말한다.

혜은: 괜찮아요! 풀들이 많아서 엄청 폭신폭신해요. 풀이랑 바지가 지켜줬어요!

어린이들(만3세)은 다양한 풀의 냄새를 맡아보기도 하고, 가장 긴 풀을 찾아내 자신의 키와 비교해보기도 한다. 하루가 다르게 자라는 풀의 생명성에 어린이들은 놀란다. 윤성이도 형님을 따라 긴 풀을 찾아 재보며 풀의 길이에 감탄한다.

세아: 이거 냄새 맡아볼까? 윽, 지독해!

윤성: 내 키만 해요! 진짜 크다~

우리가 야생을 택한 이유

풀을 따다가 교실로 가져가서 놀아보고 종이에 색을 내보던 어린이들이 잡초정원에 전지를 깔아주자 놀이는 예상치 못한 방향으로 흘러간다.

잡초를 찢던 어린이들이 잡초를 뽑아서 전지 위에 던져두고 놀이한다. 풀의 형태 그 자체로 예술행위를 하는 듯 보였다. 풀을 하얀 전지 위에 얹자 풀이 가진 형태가 더욱 돋보이며 아름다웠다.

어린이들은 잡초를 뽑기 위해 인상까지 찡그리며 온 힘을 쏟는다. 손을 다칠까 봐 장갑을 주자 친구들과 함께 힘을 모아 깊게 뿌리 내린 잡초를 뽑아낸다. 지난번처럼 흰 전지에 놓을 것이라고 생각했지만, 어린이들이 선택한 곳은 나무둥치 밑의 깨끗한 흙밭이었다. 흙 캔버스 위에 풀을 흩뿌려놓고 마치 전시공간을 만든 것 같다. 이제 풀은 어린이들에게 감상할만한 하나의 작품이 된 것은 아닐까?

세진: 도와줘!
종윤: 내가 도와줄게.
　　　여기에 놓자.

종윤: 여기는 친구들이랑 선생님들이
　　　풀도 보고,
　　　냄새도 맡을 수 있는 곳이야.

야생의 '꽃' : 죽지 않고 다시 피어날 준비를 하다

마음껏 풀을 느껴본 어린이들은 여기저기 피어있는 꽃들의 일부를 따며 놀이한다. 성인인 우리가 어린이들의 이 모습을 보며, 꽃과 조금 더 가까워지기 위해 자신들만의 공간으로 꽃을 데려오고 싶어 하는 행위로 읽어준다면 어떨까? 어린이들이 자연 자체를 느낄 수 있게 어른들이 조금 더 관대해지면 좋지 않을까? 식물이나 자연은 자신의 일부를 우리에게 내어주어도 강한 생명력으로 채워져 다시 살아날 것이라는 믿음을 갖고 말이다.

어느덧 10월 말, 가을 소풍으로 갔던 일자산 자연공원에서 종윤이는 어디선지 민들레 한 송이를 따서 손에 꼭 쥐고 버스에 탄다.

종윤: 민들레 또 심을 거예요.

종윤이에게 꽃을 심었던 추억은 또 하나의 소중한 보물이 된 것 같다. 종윤이 말대로 이 꽃은 죽은 적이 없다. 쉬다가 다시 피어날 준비를 하는 것뿐이다.

종종 우리는 어린이들에게 자연다운 자연을 만나도록 해주기가 쉽지 않다고 생각하지만, 그런 기회는 뜻밖에 매우 인공적인 환경 안에서도 생겨날 수 있다. 우리는 점점 우리 주변에 자연 그대로의 흔적을 남기지 않았고 그로 인해 자연의 본질적 특징들을 오랫동안 잊고 살아왔다. 그런데 자연의 생명력은 항상 잠재적으로 남아있으며 그 위력을 발휘할 기회를 엿보고 있었던 것 같다. 사실 우리가 살아가는 환경 안에는 자연과 인공, 야생과 문명이 정도의 차이는 있지만 혼재되어 있었다. 교사들이 발상을 전환하여 인위적인 조경 작업을 멈추고 숨어있던 '자연다움'이 발현될 여지를 주자, 가장 도회적이고 정돈된 정원이 순식간에 다양한 생명이 거주하는 뜻밖의 녹지로 변화하였다. 이처럼 교사가 평소에 하던 작업을 정지하기로 마음먹은 결과, 어린이들은 그들의 눈앞에서 '야생'의 구현, 즉 자연의 생명력을 강렬하게 느낄 기회를 가졌다. 아마도 자신들에게 친숙한 공간에서 두 대조적인 상황을 경험할 수 있었기에, 더욱 몰입할 수 있었을 것이다. 어린이들은 곧바로 새로운 상황에 적응하여 나갔다. 풀의 높이와 밀도에 따라 몸의 움직임을 달리하였고, 공간을 탐색하는 책략도 달리했다. 자연적 배경과 자연물을 조합하면서 그들 나름의 표상을 하며 '아름다움'을 느끼는 등 자신들의 신체와 표현력 발달을 도모해가고 있었다. 이 사례는 여러 측면에서 매우 신선하다.

어린이들이 자연을 이해하고 자신을 자연과의 관계 안에서 바라보는 친환경적 자세 함양을 위해서는 교사의 역할이 중요하다. 우리가 중요시하는 원칙, 즉 어린이들의 접근 방식과 그들의 관점을 이해하고 존중하기를 자연과 만나는 경험에 적용하려면 교사는 어떻게 접근해야 할까? 예를 들어, '꺾어 온 꽃이 죽지 않는다'는 어린이들의 생각을 오류로 받아들여 수정해 주어야 할까? 사실 자연의 목표는 개체의 보존이 아니라 종의 보존이고, 이것이 생명의 순환성 원리라는 관점에서 본다면 어린이들의 생각은 의외로 틀린 것이 아니다. 이 사례에서 교사는 어린이들의 관점에 귀를 기울이고 자신의 관점을 바꾸어 그들이 원하는 방식으로 자연을 만나게 해주었기에 자연과 맺은 관계가 깊어지도록 지원할 수 있었다. 그렇다면 '꽃을 꺾지 말자'라는 단순한 행동지침 차원의 교훈이 과연 의미 있는 것인지도 다시 생각해 볼 필요가 있다. 인간이 섣불리 자연을 보호한다고 나서지만 자연은 의외로 강인한 생명력을 지니고 있다. '자연스러운' 자연을 만나고 관계를 맺을 기회를 교사가 제공한다면 어린이들은 자연을 이해하고 그 이해는 경외감과 애정으로 연결되리라 확신한다. 이런 맥락에서, 위의 이야기 속 교사들이 고민했던 것처럼, 우리가 쉽게 인용하는 '자연보호'라는 슬로건을 남발하기보다 자연과 공존하는 자세를 어떻게 키울 것인지를 깊게 생각해 볼 수 있겠다.

III. 나가며

현장과 함께하며 성인에게 새롭게 다가온 자연

한솔어린이보육재단 현장연구팀

> 나는 지금까지 자연을 뭐라고 생각해 왔을까. 공원? 곤충? 동물? 공기? 그냥 출근길에 볼 수 있는 나무들 정도로 생각해 왔던 것 같다. 길거리에 함부로 쓰레기를 버리면 안 되고, 대중교통을 더 자주 이용해야 함을 인식하는 정도가 아니었나 싶다. 아이들과 자연에서 놀이하고 그들을 들여다보면서 내가 가진 자연에 대한 생각을 좀 더 내려놓을 수 있는 기회가 아니었을까 생각한다. 자연은 무조건 지켜야 하는 대상이고 그것을 아이들에게 은연 중 주입하는 것은 이제 그만 해야겠다. 아이들은 이미 자연과 가까워지고 있고 내가 생각하는 것보다 더 크게 받아들이고 있으니. 앞으로도 바깥놀이 시간에는 아이들의 자발적인 탐색, 그 안에서의 또 다른 놀이가 이루어질 때마다 자연을 만나는 아이들의 모습, 변화를 나 스스로 받아들이고 '함께 즐기며' 놀이해야겠다.
>
> 2019.10.01.~11.22. [A어린이집 김선영(가명) 교사 기록]* 중

콜로키움과 전시회가 끝난 12월이었다. 재단의 중점보육과정 중 올 한해 주제였던 도담솔 재개념화에 대한 여운이 남을 때쯤, 컨설팅 협의를 진행하던 KCCT 현장연구원이 공유해준 한 교사의 개인저널을 읽으며 재단연구팀**은 많은 생각을 해보게 되었다. 도담솔, 즉 자연놀이에 대해 교사 스스로 되돌아보며 자신의 소소한 일상에서 어떤 변화가 생겨났는지 반추해본 저널은 큰 감동이었다. 그리고 책 기획을 하는 과정에서 놀이에 대한 기록만이 아닌 교사의 솔직한 단상도 교육자인 재단의 교사, 원장, 연구원 등 모두에게 깊이 생각할 거리를 줄 거라 기대했다. 그래서 재단연구팀도 제3자로서 한 해 동안 협의에 참여하며 우리의 생각이 변화해 나아간 과정을 글로 정리해 보며, 재단차원에서 새롭게 다가온 자연과 도담솔에 대해 되돌아보기로 했다.

교사들과 함께 느꼈던 도담솔에 대한 우리의 현주소

17년도부터 시작된 재단의 중점보육과정 구축 1단계에서 19년도는 '도담솔(자연놀이)'을 주제로 깊이 들여다보기 시작했다. 1월 원장워크숍에서 도담솔의 한솔화에 대해 재단연구원, 어린이집 원장들과 공유한 것을 시작으로 3월에는 이치범 이사장님의 강의를 통해 '생태적 감수성'이라는 다소 생소했던 개념에 대해 생각할 계기가 마련되었다. 그리고 4월 대표님의 '자연놀이의 의미'라는 강의를 현장연구원들과 다시 나누는 과정에서 교사들과 올해 나눌 도담솔의 방향성에 대해 생각해 보게 되었다.

---

* 본 원고에 나오는 어린이집명은 기관명과 무관한 이니셜로 임의수정 했으며, 교사명은 현장감 있는 글을 위해 가명으로 바꾸었음.
** 본 원고에서는 재단 현장연구팀과 KCCT 현장연구원을 구분하기 위해, 재단의 현장연구팀을 '재단연구팀'이라 임의로 칭함.

> (...중략...)
>
> 손유림 연구원: F어린이집은 오랜 기간 제트기를 보고 있었는데 이 부분을 바람이랑 연결시켜서 보자고 했어요. 교사가 전략적인 것을 정리하다가 한 아이가 "바람 불 때 날려보니깐 잘 날려가는 거 같아."라고 했어요. 이것을 가지고 밖에 나가서 날려 보는 것을 실험해 보다가, 못 날리고 있는 한 아이를 집중해서 보게 되었어요. 다른 친구들은 바람이 부는 방향으로 날리는데, 이 친구는 **바람 부는 반대방향으로 날리는 모습**을 목격해요. 그래서 다른 친구들이 있는 방향으로 갔지만 날릴 때 또 반대로 날렸고, 다른 친구가 "바람을 타야 잘 날아가."라고 피드백 해줬어요. 그래서 친구들이 어떻게 날리는지 신이 나서 계속 관찰하더라구요. 그러다가 올라가서 날렸더니, 바람이 불지 않는데, **아이들이 "지금이야!"라고 바람이 부는 때를 얘기해줬고,** 바람을 민감하게 여기는 모습을 느끼게 된 것 같아요.
>
> 2019.08.28. [회의록 19-150 8월 현장연구원 월례협의] 중

여름이 지나 가을로 접어들 무렵 즈음, 몇몇 교사들의 생각 변화가 느껴지기 시작했다. 그리고 교사들과 함께 보다 깊어진 고민들의 시간을 축적해가며 재단연구팀도 도담솔에 대한 해석을 점점 넓혀가는 시도를 하게 됐다.
D어린이집의 교사는 어린이들과의 대화에서 비가 오면 무조건 나가지 못한다는 고정관념이 있음을 알게 되었고, 그 사실을 살짝만 다르게 바라보자 어린이들과 함께 비를 기다리게 되었다. E어린이집에서는 교사들이 만3세 어린이에게 자연을 더 자세히 들여다보길 바라는 마음으로 카메라를 내주기도 하고, 슬라임 놀이 속에서 자연스럽게 열매의 향과 연결 지을 수 있도록 하는 시도를 해나갔다. 또한 B어린이집에서는 눈여겨보지 않았던 잡초에 대해서 어린이들과 질문을 던지며 자연을 새롭게 바라보기 시작했고, F어린이집에서도 스쳐지나갔던 바람을 놀이와 연관 지어 생각해보는 이야기가 피어나고 있었다.

교사들이 기존의 자연놀이 활동과는 다르게 접근하게 된 계기는 무엇이었을까? 교사들은 현장연구원과 컨설팅 협의를 하는 과정에서 어린이들과 함께 자연에 어떻게 다가가야 하는지 고민하는 모습이었다. 이렇게 자연이라는 소재, 공간, 지원방향에 대한 자신의 선입견을 마주하고 어린이들과 함께 헤맸던 과정들이 자연에 대한 벽을 느끼게 된 시간은 아니었을까?
한편, 하반기에 열린 자연놀이(2020년 교육명: 도담솔의 이해와 실천) 교육은 교사들이 다르게 접근하도록 만든 촉매로 작용한 것 같다. 교육이 끝나고 컨설팅에 참여했던 한 교사는 자신의 생각이 정리되면서, 뭔가 좀 알 것 같고 이제는 시도해 볼 수 있겠다는 말을 재단연구팀에 전해주기도 했다. 되돌아보면 교사뿐 아니라 재단연구팀도 해당 교육으로 인해 자연놀이에 대한 생각이 차츰 변하게 되었다.
이후 교사들은 어린이들과 숲이나 공원 등 밖으로 나가야만 자연에 관련된 놀이를 할 수 있고, 흙, 모래, 텃밭작물 등의 자연이라고 하면 흔히 떠오르는 자료들을 제시하려던 것에서 조금씩 벗어나고 있었다. 또한 과학적인 지식을 주입하려는 기존의 상호작용이나 결과물이 있는 활동을 멈추려고 했다. 교사들은 어린이들이 어떻게 자연에 다가가고 있는지를 바라보기 시작했고, 협의과정과 교육적 지원이 조금씩 달라지는 걸 보면서 재단연구팀 또한 생각 변화가 함께 일어났다.

3. 나가며

협의과정을 통해 변화된 교사와 재단연구팀의 생각

협의에서는 기록을 매개로 여러 층의 이야기들이 이루어졌다. 재단연구팀은 협의에 함께 참여하는 과정에서 교사가 작성한 기록만이 아닌 현장에서 나눴던 '대화'를 중심으로 회의록을 남겼고, 이 또한 중요한 기록물이 될 수 있음을 느꼈다. 협의의 내용을 제3자의 시선에서 보다 객관적으로 볼 수 있었던 재단연구팀의 위치는 교사 뿐 아니라 우리도 자연의 어떤 측면을 제한된 시각으로 바라봤는지 민감하게 되짚어볼 기회가 되었다.

1) 성인의 시각에서 벗어나 어린이들이 마주한 자연에 함께 경청하다

교사들은 도담솔을 실천해보며 자신이 관찰하고 해석한 것을 기록으로 남겼고, 협의를 통해 자신의 생각이 어떤 흐름이었는지 천천히 곱씹어 보는 시간을 가졌다. 특히 현장연구원과의 협의에서 당연시 여겼던 교사역할에 자주 질문을 받기도 했는데 이 **'질문의 내용'**은 생소했지만 큰 여운을 남겼다.
그러면서 점점 무언가를 교육적으로 가르치거나 접근해야 한다는 의구심 없던 생각에 질문을 던지게 되었다. 한편으로 교사들 뿐 아니라 그 자리에 함께한 재단연구팀도 새로운 시선에서 제기되는 질문들이 당혹스럽게 다가오기도 했다. 왜 그랬을까? 일반적으로 자연하면 떠올렸던 범주가 너무 좁았기에 밀려왔던 답답하고도 불편한 마음 때문은 아니었을까?
더욱이 교사들은 자연, 놀이, 교육이라는 키워드를 균형감 있게 접목해야만 한다고 생각했던 것 같다. 그래서인지 막막함부터 몰려왔고 교사들이 이전에 알고 있었던 접근방식을 어린이들에게 적용하기 급급했던 것 같다. 현실에서 적용하며 오는 막막함, 막연함을 느껴가는 교사들의 모습을 보며 재단연구팀도 교사들과 마찬가지로 자연에 대한 고정관념이 있었다는 것을 점점 인정하게 되었다.

> 강지희(가명)교사: 어린이들이 창문을 보면서 나간 것을 시작으로, 자연에 민감하게 반응하는 모습을 기대했던 것 같아요. (...중략...) 창문을 넘나들면서 자연을 경험하는 놀이지원을 하고 싶었던 것 같아요.
>
> (...중략...)
>
> 손유림 연구원 : 자연에 대해 교훈적인 이야기를 (어린이들이) 아는 것이 좋을 것이라 생각하는 것 같네요. 그런데 정말 왜 봤는지, 얼마나 생각해 봤을지에 대해 생각해보는 것이 필요해 보여요. (...중략...)
> 모든 전개 방식은 어떻게 교사가 생각하느냐에 따라 프로젝트가 움직이는 것 같아요.
> 가령 (어린이들이) 창문을 보면서 '나무야 나무야' 노래를 부르더라도 밖에 나가서는 부르지 않을 수도 있어요. 이는 **교실 안에 있기 때문에 창을 통해서 보이는 나무의 흔들림을 더 주목하게 되는 것**은 아닐까? 라고 생각해볼 수 있겠죠. 감성적이 되는 마음이 아이들에게도 있을 것이고요.
> 이처럼 우리가 기관에서 자연에 대해 많이 다루게 되는데, 자연은 어쩌면 우리가 생각하는 것 이상일지 몰라요. 우리가 보통 꽃, 식물, 나무, 곤충이지만 자연이라고 생각하기 쉽지만 정작 **어떤 순간에 자연을 만날 수 있을지는 정말 광범위 할 수 있지 않을까요?** 너무 갇혀 있기 때문에 어린이들이 만나는 자연에 대해서 넓게 보지 못하는 것일 수도 있어요. (...중략...)
>
> 2019.06.28. [회의록 19-106 G어린이집 레지오 컨설팅 1차 지원] 중

어린이들이 **'어떤 순간'**에 자연을 만날 수 있을까라는 생각을 해 본 적이 있을까? 무엇을 보고 느끼는지만 쫓다보니 어떤 상황과 타이밍에 자연을 만났는지는 크게 고려한 적이 없는 것 같다. 그래서 인지 '창을 통해서 보이는 나무의 흔들림은 교실 안 어린이들의 관심과 마음을 자극시켰을 수도 있다'는 손유림 연구원의 가설이 크게 와 닿았다.
재단연구팀은 이 내용을 함께 공유하는 과정에서, 구체적인 상황 속에 느껴지는 자연은 다를 수 있겠다는 이야기를 나눴다. 우리도 바깥에서의 나무의 흔들림을 떠올리기는 쉬워도 실내에서 밖을 내다봤을 때 느껴지는 나무의 흔들림에 대해 생각해 본 적이 잘 없는 것 같다. 어쩌면 자연이 배경처럼 되어버린 우리의 도회적인 생활로 인해, '자연의 모습이라 함은...?' 이라고 생각했을 때 떠올릴 수 있는 이미지가 이미 정해져 있는 것은 아닐까?

> 최현아 연구원: 만1세 영아들에게는 **흙을 밟는 것만으로도 배움의 순간**이 될 수 있었을 거예요. 무언가를 해내야 한다는 것에 집중하지 않았으면 좋겠습니다. 영아들이 이 과정에서 힘을 얼마만큼 조절해야 하는지, 세게 힘을 줘야 하는 것인지, 그 과정에서 근육을 움직이고 신체를 발달시키는 과정이 될 수도 있고요.
>
> 2019.08.12. [회의록 19-146 H어린이집 레지오 컨설팅 2차 지원] 중
>
> 최현아 연구원: 힘을 준다는 것이 그냥 힘을 주는 게 아니라 감이 오면 어느 정도의 힘을 주는지를 조절하는 것으로 생각해 볼 수 있죠. (...중략...) 가령, 한참을 긁다 보니 땅이 파이는 것을 눈으로 보게 되고 파여지는 변화를 느껴볼 수 있겠죠. 그리고 이 작은 과정이 성취감을 갖게 하는 것일 수 있어요.
> 성인인 우리 눈에는 아이들이 땅 파고 있구나, 나무 만지고 있구나...라고 가볍게 생각할 수 있지만 **영아들에게 그 과정이 얼마나 의미로운지 발견해 내는 것 또한 중요한 경험**일 수 있어요. 그리고 이 경험을 같이 읽어주는 교사에게도 의미 있는 과정이 될 수 있는 거죠.
> (...중략...) 감각을 이용해서 경험하고 찾는 모든 과정이 배움인 것 같아요. 사실 거칠어, 부드러워, 뜨겨라는 이 모든 **감각을 보통 우리는 교구를 통해 감각적인 것을 익힐 수 있다고 생각하기 쉬운데, 오히려 자연 속에서 좀 더 느껴볼 수 있는 여지가 많을 것 같아요.**
>
> 2019.10.02. [회의록 19-187 H어린이집 레지오 컨설팅 3차 지원] 중

그렇기에 성인들이 생각하는 것보다 어린이들은 훨씬 더 자연을 만날 때 어떤 상황인지에 구애받지 않고 유연하게 다가간다는 것을, 성인이 '알아채는 것'이 중요해 보였다. 영아들에게서 '흙을 밟는 것만으로도 배움의 순간'이 될 수 있음을 인정하는 최현아 연구원의 해석은, 어린이들이 무엇을 소재로 자연에 대해 배우냐가 아니라, 어떤 과정으로 자연에 다가가는지를 보는 것이 더 중요함을 깨닫게 했다.

> 서수빈(가명)교사: (...중략...) 숲체험을 가지는 않았지만, 화분을 키워보면 어떨지에 대해 이야기가 나오고 있어요. 아직 구체적인 계획을 세우지는 않았고요.
>
> 이오영 연구원: 굳이 꽃이 아니라 주변에서 상추를 만질 때는 어떻게 만지는지, **자연 안에서 잎의 형태는 다 다른데, 그럴 때 어떻게 보는지 다양한 식물을 통해서 접하게끔** 해봐도 좋을 것 같아요.

3. 나가며

> 교실 안에서 어떤 화분을 어떻게 주면 좋을지 말이죠. 가령, 선인장과 같은 것들은 형태가 따가우니 (어린이들이) 접근해야 할 것 같은 포인트가 다를 수 있을 것 같아요. 행동, 몸짓만 봐도 흥미로운 점이 있어 보이지 않을까요?
>
> 2019.06.25. [회의록 19-111 B어린이집 레지오 컨설팅 3차 지원] 중

하지만 재단연구팀도 자연에 '**어떻게**' 다가가는지를 바라보는 생각의 훈련은 해본 적이 없는 것 같다. 이는 교사들도 마찬가지였다. 주제접근 방식이나 체계적인 활동전개가 아직은 익숙한 방식이기에, 그들이 보이는 당혹감도 적잖이 느껴졌다. 그럼에도 협의를 통해 해석의 층이 다양하게 쌓여 가면서 점점 아이디어가 풍성해지게 되었다. 가령 화분을 구입해서 식물을 키워보는 계획만이 아니라, 교사가 식물의 잎이 어떤 형태인지 고민한 후 제공해 주면 좋겠다는 이오영 연구원의 제안은 자연에 대해 섬세하게 다가가는 방식과 여러 갈래의 지원방향 중 무엇을 중요한 방향 축으로 삼을지에 대해 생각해볼 수 있는 해석이었다.

결국 자연이라는 소재만이 아닌, 자연에 다가가는 방식에 있어서도 재단연구팀 또한 고정관념에 묶여 있었다는 것을 알게 되었다. 우리의 편견을 인정하고 협의를 통한 해석의 다양함에 대해 경청할수록 새로운 가능성들이 더 기다리고 있는 것 같았다. 그리고 교사들도 조금씩 경직되었던 마음에 여유가 생기기 시작한다는 것을 느꼈다. 성인의 시각에서 벗어나 어린이들이 마주한 자연을 '**함께 경청**' 하게 된 것이다.

2) 자연을 만나며 순간의 과정을 치열하게 고민하고 소중하게 여기다

재단연구팀에서는 어린이들 뿐 아니라 그들을 이해하는 교사 한 명마다의 생각 변화도 중요했다. 재단의 중점보육과정인 도담솔이 왜 중요한지 마치 매뉴얼 읊듯 교육할 수도 있었겠지만, 사실 도담솔을 실천하는 '교사의 역할'에 대한 현장감 있는 이해가 실제적인 교육 내용이기도 했기에 매번 팀 내에서도 화두가 되는 주제였다. 그리고 이 과정에서 우리는 교사의 생각 변화가 교사의 역할과 내밀하게 연결 될 수 있음을 발견했다. 어린이들이 자연에 보이는 관심을 교사들도 경청하기 시작하자, 어느 순간 그들의 관심을 지원해 주기위해 적극적인 참여나 결정이 필요한 때가 생겨났다. 그리고 결정을 고민하는 순간순간은 교사들을 자연에 보다 적극적이고 진지한 자세로 집중하게 만들었다.

> 여선화(가명)교사: (…중략…) 사실 저는 교실로 (자연물을) 가져가는 것에 싫었던 거 같아요. 아이들이 어디다 숨겨 놓으면 좋겠는지 주변을 살폈던 것 같아요. 그러다가 저도 평소에 산책하면서 다녔던 장소를 떠올리며 우리 주변을 찾아보자 하고 이렇게 제가 먼저 이끌게 되었죠. 제가 생각 했던 장소로 이끌었는데, 그 장소를 보더니 아이들이 "저쪽으로 조금 더 가봐요!" 하더라구요. 그래서 거기로 가봤더니 그 길 자체가 조금 약간 음침한 느낌이 있어서, 가고 싶지 않았거든요. 한 번도 가 본 적이 없었는데, 아이들이 "아~~~ 가고 싶다"고 하니깐 **용기를 낸 거죠.**
>
> 그리고 가는 길 도중에 (저는) '여기보다 좋겠어?'라며 반신반의로 들어가 봤는데, 갑자기 **넓은 장소가 확 펼쳐지는 거예요.**

> 최현아 연구원: 그럼 선생님들도 다 처음 가 본 거예요?
>
> 여선화(가명)교사: 네. 다 처음 가 본거죠. 그 넓은 장소를 처음 들어가는 입구가 되게 음침해 보여요. 통과하기까지의 길이요. 그래서 다들 안 가봤던 거예요.
>
> 2019.09.24. [회의록 19-173 I어린이집 레지오 컨설팅 5차 지원] 중

한 번도 가본 적 없는 공간에 대한 망설임에 용기를 낸 교사는 펼쳐진 넓은 장소를 어린이들과 함께 발견하게 되고 자연을 느낄 수 있는 주변 환경에 대해 다시 생각해 볼 수 있는 마음을 갖게 된다. 어린이들과 함께 호흡하며 용기를 낸 지원이 교사로 하여금 자연과 적극적인 관계 맺기를 가질 수 있게 한 출발이 된 것 같았다.

> 임연서(가명)교사: (...중략...) 저는 자연에 대해 생각해본 적이 많이 없어요. 그래서 우리가 하는 생활주제 중에서 활동의 영역, 자연은 소중하다는 것을 알려주고자 했던 것 같아요. 자연을 소중해라는 걸 알려주기만 했지, **아이들이 왜 소중하다고 여겼는지에 대해서 한 번도 생각해보지 않았던 것 같아요.**
> 처음에 흙에서 두더지로 관심이 가길래 두더지 송을 만들었는데, 지금 돌이켜 보니 그게 되게 창피한 것 같아요. 뭔가 **많이 아는 것이 교사라고 생각했는데 그런 게 무너졌어요.** 사실 제 부족한 부분을 (어린이들에게) 보여줘야 해서 되게 싫었던 거죠.
> 활동지를 통해 씨가 있고, 암술, 수술이 있고, 목적, 세부목표를 설정해서 알려주는 것이 자연이라고 생각했어요. 하늘을 보고 예쁘다고 하는 것, 바깥놀이를 하면서 아이들이 모래놀이를 좋아하는구나를 보며 왜 재미있는지 생각해 보게 돼요. 아직도 잘 모르겠지만, **아이들이 자연에 다가가는 과정을 보고 있는 것**으로서 교사의 역할을 하고 있는 것이 아닌가 하는 생각이 드네요.
>
> 2019.09.09. [회의록 19-163 B어린이집 레지오 컨설팅 5차 지원] 중

'많이 아는 것이 교사라고 생각했는데 그런 게 무너졌다'는 교사의 말을 다시 읽으며 재단연구팀은 이유 모를 뭉클함부터 느꼈다. 왜 그랬을까? 아마도 교사가 기존에 행했던 자신의 교육방식을 잠시 멈추고 다른 접근으로 시도해 보려는 치열함이 진하게 느껴져서 그런 것 같다.

사실 누리과정의 개정으로 현장실천이 변하고 있지만, 아직도 결과중심적인 태도나 뚜렷한 작업물로 교사 자신이 가르치고 수행하는 것을 확인받고 안도한다. 고백컨대 재단연구팀도 결과에 대한 조바심이 날 때면, 그런 부분에 먼저 눈길이 갔던 것 같다. 하지만 위의 두 사례처럼 '여기보다 좋겠어?'라는 반신반의했던 마음, '부족한 부분을 보여줘야 해서 싫었던 것'이라는 기존의 교사상을 정면으로 마주한 두 교사의 진솔함은, 교사로서 지녀야할 중요한 태도가 무엇인지 크게 되짚어보는 이야기로 다가왔다.

재단연구팀은 협의에 참여하며 놀이가 순조롭게 진행되는 과정을 보면서 교사의 성장을 느끼기도 했다. 또한 어떤 부분이 도담솔을 실천함에 있어 필요한 교사의 역할일 수 있는지 정리해 보기도 했다. 하지만 교사 스스로 자연에 대한 교육적 접근에 대해 어떻게 함이 좋을지 **'치열하게 고민하는 모습 그 자체'**는, 결과와 상관없이 교사라면 잃지 않아야 할 초심이라 생각했고 현장교사만이 느낄 수 있는 진정성 어린 울림이라 확신했다. 자연과 관계 맺기를 시작하는 교사들의 시행착오는 재단 차원에서 다 같이 나누고 싶은 소중한 가치로 여길 수 있을 것이다.

3. 나가며

3) 자연의 범주에 대한 유연한 사고가 놀이로 이어짐을 발견하다

우리가 사는 환경도 시대에 따라 변하듯이 자연현상도 그에 맞춰 많이 바뀌게 되었다. 어느 새 오존, 황사, 미세먼지와 같은 대기질과 관련 있는 현상들이 이제는 성인인 우리가 자연을 알아 가는데 중요한 변수가 되고 있다. 하지만 재단연구팀도 주변에서 일어나는 현상들을 자연과 밀접하게 연결지어 생각해 본적은 없는 것 같다.

> 명신혜(가명)교사: 한 해를 시작하면서 미세먼지로 나갈 수 없는 걸 경험했고, 어떻게 하면 도와줄 수 있을지 고민했어요. 자연을 생각해보니 나가야만 돌려줄 수 있을까를 고민하다가 아이들의 미세먼지를 따라가다 보면 또 다른 이야기가 시작되고, 재미있는 이야기가 되지 않을까 해서 시작되었죠.
>
> 이오영 연구원: 무엇보다 의미가 있었던 것은 어쩌면 **자연 범주에 넣지 않았던, 미세먼지에 대해 생각해봤던 경험**이 아니었을까 하는 생각이 드네요. 우리 안에 자연에 대한 선입견이 있기 때문이지 않을까요? 아이들이 **자연에 나가지 않더라도 어떤 자연현상에 대해 민감성을 가지고 있는 부분**이 강조 될 수 있겠죠. 그런 시선으로 자연을 바라보는 눈이 달라지는 것 같고요. (…중략…)
> 미세먼지 때문에 나가지 못하는 안타까움을 교사도 느꼈고 그러면서 자연놀이를 할 수 있을지를 고민했죠. 적응기간 중에 적응에 힘들어 하는 아이가 미세먼지를 보면서 울음을 그치는 것을 보고 따라가 보기로 결심하면서, 교사도 미세먼지를 자연이라고 할 수 있을까? 고민을 하게 되죠. 4월, 선생님은 아이들이 미세먼지에 관심을 보이는 것 같은데 그걸 기록해도 되는지 물어보기도 했고요. (…중략…)
>
> 2019.12.10. [회의록 19-207 J어린이집 레지오 컨설팅 5차 지원] 중

어린이들과 바깥놀이를 나가지 못함에서 시작된 '미세먼지' 이야기에 대한 이슈는 어린이들만이 아니라 교사와 재단연구팀 모두에게 자연의 범주에 대해 생각할 거리를 남겼다. 미세먼지라는 소재가 도담솔과 관련 있는지 없는지 판가름함이 중요한 게 아니라, 어린이들을 데리고 밖에 나가지 않아도 자연현상에 대한 소재가 무궁무진할 수 있다는 '유연한 생각'을 가져보는 것이 보다 중요함을 느꼈다.

> 최현아 연구원: 장수풍뎅이를 보며 (영아들도) 애착이 생겼고, 피규어를 가지고 놀이를 하며 계속적인 관심을 가짐을 가지죠. 교사도 그런 관심을 주시하면서 보다가 동영상이랑 연결시켜 되돌려 주게 되죠. 우리 현장에서 보통 **장수풍뎅이가 죽으면, 바로 새로운 장수풍뎅이를 공수를 해오게 되죠?**
> 이런 모습이 무슨 의미인지도 생각해 보면 좋을 것 같네요.
> 교사가 장수풍뎅이의 죽음이 계속 고민이었는데 무덤을 만들고 하는 뻔한 스토리가 아닌, 뭔가를 새롭게 다시 해내야지가 아니라 움직이지 않는 장수풍뎅이를 가지고 어떻게 교사가 지원하며 바라봤는지를요. (…중략…) 어쩌면 (영아들도) **머릿속으로 장수풍뎅이를 계속 생각하고 있었을 수도 있어요.**
>
> 2019.07.26. [회의록 19-135 A어린이집 레지오 컨설팅 5차 지원] 중

피하고 싶고 무겁게 생각했던 죽음에 대한 소재도 마찬가지였다. 어린이들이 장수풍뎅이나 매미의 죽음에만 골몰하고 있을 때, 이 상황을 교사가 어떤 방식으로 이해하고 접근하는지에 따라서 놀이 속 화두가 달라질 수 있었다.

> 송해리 연구원: (어린이들이) 매미가 죽은 것을 인정하지 않는다면, 충분히 생각해봐야 할 부분이 있어 보이는 것 같아요. 아이들이 교실에서 들려오는 매미 소리를 듣게 되고 매미를 떠올리면서 이에 대한 이야기거리가 교실에 오게 되죠. 이때 아이들이 **매미를 떠올리며 교실에 가져온 마음이 중요한 거죠. 죽었다고 잊혀지고 외면한 것이 아니라** 어쩌면 **매미 이야기를 교실에 가져옴으로써 다시 시작**이 되고 있는 것이라고 생각해 볼 수 있죠.
> (...중략...) 우리가 보통 교육 안에서 죽음이라는 키워드에 대해서 굳이 깊게 생각할 이유가 없다고 외면하는데, 사실 자연 안에서 보면 순환의 과정에서도 생겨난 것이 죽음이기 때문에 죽은 매미도 순환의 일부라고 생각해 볼 수 있을 것 같아요.
>
> 2019.09.03. [회의록 19-159 K어린이집 레지오 컨설팅 4차 지원] 중

'어린이들이 매미의 죽음에 대한 이야기가 아닌 상상 속에서 매미를 살려내 이야기를 만들어 낸 것이 아닐까?'라는 송해리 연구원의 해석은, 교사가 자연의 소재를 놀이로 끌어들이는 유연함만 허용한다면 기존의 놀이 속에서도 충분히 자연에 관련된 다양한 접근을 해볼 수 있겠다는 아이디어를 주었다.
사실 미세먼지나 죽은 곤충에 대한 소재는 소재 자체가 주는 망설임이 있었다. 교사들 뿐 아니라 협의에 참여한 재단연구팀도 이것이 도담솔이라는 범주에 넣을 수 있을지 없을지 고민했던 과정이 있었다. 하지만 어쩌면 성인인 우리가 먼저 어린이들에게 고민하지 않도록 걸러냈는지 모르겠다는 생각을 해본다.
어린이들은 그들 안에서 이야기를 놀이로 만드는 힘이 있기에 머릿속으로 상상하며 배움의 과정을 이미 진행하고 있었던 것 같다. 추후 회의록을 다시 읽으며 재단연구팀 협의를 통해, 인간인 우리도 자연이라는 거대한 시스템에 속해 있기에 자연이라는 소재는 생각을 어떻게 연결 짓느냐에 따라 어린이들의 놀이 속에서 얼마든지 발견할 거리들이 많을 수 있겠다는 이야기를 했다. **'자연의 범주에 대한 유연한 사고'**가 놀이로 이어짐을 발견한 것이다.

4) 기다림과 되돌아보는 시간을 통해 자연의 이치를 찾아가다

끼적이기는 어린이들이 발견한 것을 적극적으로 표현하고 다른 이와 소통하는 하나의 방식이다. 그러나 사실 재단연구팀도 협의를 하며 어린이들이 만든 것들, 가령 구성물이나 그림들을 보며 깊이 있게 질문을 가진 적이 없었다. 특히 영아들의 끼적이기는 성인이 인식할 만한 구체적인 흔적처럼 보이지 않아 가볍게 흘려버린 적이 많았던 것 같다.

> 고나희(가명) 교사: 아이들이 막연히 끼적이고 버리는 것만 보았는데, 애벌레의 형태가 나오고 구체적인 설명도 나와서 놀랐어요. 특히 지윤이는 애벌레 선도 표현하고 발견한 다리도 표현하고, 얼굴을 그린다는 게 무척 놀라웠던 것 같아요. (...중략...)

> 이오영 연구원: 지윤이 그림을 보면 (애벌레의) 측면을 표현한 것 같은데, 양 옆으로 보는 것을 위에서 표현한 것 같기도 하네요. 물론 아닐 수도 있지만 일리 있는 가설로 생각해 볼 수 있는 거죠. (...중략...)
> 이처럼, **영아들의 생각을 알아볼 수 있으려면 표상을 잘 살펴보는 것도 중요해 보여요.** 이 끼적이기에서 지윤이는 애벌레의 바퀴가(다리) 양쪽에 있어야 함을 생각하고 표상한 것 같아요. 또, 알에 대한 관심이 있는 것 같아요. **알 안에서 놀고 있는 애벌레를 상상하고 그린 영아가 정말 대단해 보이죠.**
> **교사가 이 시점에서 표상을 되돌려준 것이 좋았어요. 더 깊이 들여다보려면 사실, 어떤 것을 선택해서 보여줄지 고민해 볼 필요**가 있어요. 가령, 알에 대한 아이들의 생각을 들어보고 싶다면 알그림을 되돌려줄 수 있고, 생존에 무늬가 의미 있어 보인다면 무늬 사진을 되돌려줘야 할 수도 있고요. (...중략...)
>
> 2019.05.02. [회의록 19-57 E어린이집 레지오 컨설팅 3차 지원] 중

교사의 해석은 애벌레의 형태를 구체적으로 표현해보려 남긴 영아들의 끼적이기를 보며, 그들의 생각을 '흔적'을 통해 유추해볼 수 있다는 것으로 변화한다. 표상의 하나로써 끼적이기의 가치에 대해 느껴가는 교사를 보며, 표상을 적극적으로 들여다보려는 해석과 더불어 영아에게 '표상을 되돌려 준 것'이 좋았다는 이오영 현장연구원의 말은 무척 인상적이게 다가왔다. 어린이들도 자연 안에서 무언가를 발견해 나가는 시간이 필요했고 더 작은 미물일수록 섬세하게 관찰했을 수 있겠다는 생각이 들었다. 교실로 들어와 끼적이기로 남긴 미물은 어린이들도 기억을 단서 삼아 그 대상을 유추해보려는 부단한 노력 같았다.
교사가 어린이들의 표상을 보며 고민의 시간을 가지는 것. 그리고 어린이들도 시간이 흐른 후 자신이 남긴 흔적을 다시 보며 새롭게 가설을 담아보는 것은 마치 우리가 자연의 가치를 되돌아보며 소중하게 여기게 되는 이치와 비슷하게 느껴졌다.

> 채현지(가명)교사: 아이들이 어떻게 개미와 친구가 되며 관계 맺어 가는지 궁금했던 것 같아요. 까치발을 걸으며 다가가기도 하고, (개미를) 잡으면 안 되고 손을 내미는 것 같다고도 느껴졌어요. 시간이 지나면서 (아이들이) 점점 개미를 대하는 자세가 달라지는 것 같아 보였고요. (...중략...)
>
> 이오영 연구원: **관계를 맺는다고 친구가 바로 되지는 않을 거예요.** 내가 마음을 줬으니깐 친구로 받아들이라고 하면 일방적인 것이 될 수 있겠죠. 친구가 되어가는 과정 안에서 (어떻게 아이들이) 관계 맺어가는 것을 보는 것이 중요할 것 같아요.
> 그 동안의 기록을 토대로 정리를 할 때, **개미와 친구가 되어갔다라기 보다는 개미라는 미물을 자연의 대상으로서의 특별한 존재로 여기면서 어떻게 행동하며 나아갔는지 생각해 보면 좋을 것 같아요.** 가령, 어린이들이 개미에게 먹이를 주고 싶어서 다가갈 때 시간이 지남에 따라 반응을 보며 고민하게 되고 주는 먹이의 크기나 정도가 달랐던 것 같아요. 이 과정에서 **어린이들이 개미에 대한 생각을 하면서 자신이 좋아하는 것을 대입해 가기 시작하죠.** 전체적인 **어린이들의 행동이나 과정을 봤을 때 개미의 입장을 이해해 보려고 하는 모습**이 많이 보여요. (...중략...) 앞으로도 개미에 대해 좀 더 이해하기 위해서는 오랜 시간이 필요할 수 있겠죠.
>
> 2019.08.14. [회의록 19-152 L어린이집 레지오 컨설팅 1차 지원] 중

되돌아보는 시간은 자연 안에서 재단연구팀이 느낀 변화를 천천히 곱씹어 보는데 도움을 주었다. 절기의 변화에서 오는 옷차림, 떼를 지어 모여야 더 확실히 존재가 부각되는 작은 미물들. 이 모든 것들이 가치 있게 느끼려면 그만큼의 기다림과 시간을 필요로 하는 것 같다.

어린이들도 '관계를 맺는다고 개미와 바로 친구가 될 수 없는 것'처럼 무언가에 대해 깊이 알려면 실수도 있어야 하고 시간이 필요한 것 같다. 특히 자연 속에서 작동되는 시간은 더욱 그런 자세가 필요하다는 것을 느꼈다. 재단연구팀에서도 어린이들과 자연이 관계맺기 하는 과정을 잘 들여다보라고 교사들에게 이야기 했었지만 결국 우리도 교사, 어린이들이 어떤 것들을 깊게 고민했었는지 지나고 나서야 정리가 되는 것처럼 말이다. **'자연이야말로 되돌아보는 작업을 거쳐야 비로소 스며들 듯 천천히 그 이치를 찾게 되는 것'** 같다.

나눔을 준비하는 과정에서 새롭게 다가오는 자연과 도담솔

재단연구팀은 패널 전시장에 사용될 자연물을 수집하기 위해 상암동 근처의 성미산 약수터로 올라갔다. 약수터 주변만을 잠깐 산책 했음에도 평소 흩어져 있어서 눈에 들어오지 않았던 돌의 질감, 흙의 냄새, 나무의 껍질, 꽃잎의 모양, 낙엽의 색깔이 하나하나마다 개성 있게 다가왔다. 재단연구팀 모두 어느 샌가 다른 시선을 가지고 귀하게 들여다보기를 하게 된 것이다. 스스로도 낯설 만큼 변화된 시각은 잊지 못할 강렬한 기억이 되었다.

돌아오는 길에 팀원 모두는 각자가 진하게 느꼈던 생각 중에서도 사람이 어떻게 느끼는지에 따라 자연 안에서 보이는 것이 달라진다는 것을 공통적인 변화로 꼽았다. 자연물을 줍고 새롭게 느끼며 사람도 자연의 일부로 함께 살아가는 존재라는 것을 확인 받는 것 같았다. 보통 성인들에게 자연하면 생각나는 것에 대해 말해보라하면 산, 들, 바람, 바다 등을 꼽지만 '사람'은 빼고 언급한다.

자연을 바라보는 대상, 이용의 대상, 무조건적 보호의 대상으로 여겼기에 사람과 자연은 별개의 것이라 생각했던 건 아닐까? 관계맺음의 시작은 이러한 **'패러다임의 변화'** 에서부터 오는 것 같다. 재단연구팀의 패러다임이 변함에 따라 성미산에서의 자연물 줍는 사소한 경험이 강렬했듯이 말이다.

또 하나는 **'자연의 색'**이 보여주는 경이로움이었다. 낙엽의 색이 다양함은 익히 알고 있었지만, 이전에 경험했던 다채로운 색의 이름이나 아름다운 원단의 색을 '자연'에서 가져왔다는 사실이 너무나 놀라웠다. 바닥에 떨어져 있던 흔한 낙엽은 투톤의 고급원단 색상으로 은은하게 빛을 내면서 그 자태를 드러내고 있었다. 너무나 당연해서 잊어버리고 있었던 것. 사람들이 자연의 아름다운 색을 흉내 내려고 부단히도 노력하고 있었다는 사실을 우리가 놓치고 있었던 것은 아니었을까?

뿐만 아니라 수집한 낙엽을 한데 모으는 과정에서 갈색, 빨강, 주황, 노랑, 연두, 녹색의 스펙트럼으로 펼쳐졌을 때 어떤 특정 단어로 표현하기에 부족할 정도로 너무나 아름다웠다. 흩어져 있을 때는 보이지 않았던 낙엽의 색이 어떻게 배열되느냐에 따라 이렇게나 아름다울 수 있다니... 경이로운 자연의 색을 바라보며 재단연구팀 모두는 감탄할 수밖에 없었다.

성미산에서 가지고 온 자연물과 함께 보다 더 다양한 자연물을 마련해주면 좋겠다는 의견이 나왔다. 협의 중에 재단연구팀장이 개인적으로 자연에 관심을 두며 모아둔 자연물들이 있다는 것을 알게 되어 전시회를 통해 공유해보기로 했다. 수년간 모았던 솔방울, 단풍나무과 씨앗들, 동백나무 씨, 미국 칠엽수 씨 등 일반 사람들은 처음 볼 법할 다양한 자연물을 살펴보며, 우리 재단의 교사들과 함께 나누면 좋겠다고 환호했다.

케이스에 소중히 담긴 자연물을 보며 사람들과 공유하게 되면 분명 부서질 것이라는 우려 속에 '부스러지는 것도 자연이 순환되는 자연스러운 과정'이라고 설명해주는 재단연구팀장의 말은 우리 모두에게 인상적이었다. 부스러짐이 순환의 시작으로 해석할 수 있겠다는 생각의 전환 때문이다.

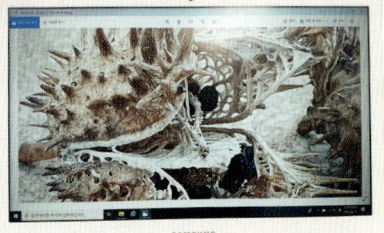

자연물들의 단면을 전자현미경을 통해 보는 경험 또한 우리에게 낯설지만 신선한 아이디어를 주었다. 가령, 씨앗이 터져 나온 독말풀 열매의 구조는 평소에 육안으로만 확인했던 **'자연물의 정교함'**을 더 확연하게 드러내주었다. 그리고 재단연구팀 모두는 아주 작은 낙엽일지라도 현미경을 통해 보이는 규칙성, 색감, 형태 등에 감탄하며 재단의 교사들과 함께 자연물이 주는 무수한 아이디어를 나누고 싶었다. 그리고 이 기회를 삼아 영감을 받은 교사들이 어린이집으로 돌아가 우리 어린이들에게도 자연물 속 숨겨진 놀라운 사실에 대해 전달해 주기를 바랐다.

패널전시회와 콜로키움을 준비하는 과정에서 교사들은 사례와 관련된 많은 사진을 보내 주었다. 교사들이 보낸 여러 장면이 담긴 사진을 보면서 사진만이 줄 수 있는 메시지가 있다는 생각이 들었다. 사진의 일부분을 편집하고 확대하며 다시 되돌려 보는 무수한 과정은 보다 섬세한 시선으로 어린이들의 놀이를 들여다보게끔 하였다. 무심결에 지나쳤던 사진들을 자세히 볼수록 어린이들의 머무르는 눈빛, 손짓이 가리키는 곳, 서로가 함께 굽힌 몸짓 안에서 생생한 몰입이 느껴졌고 이를 놓치지 않고 사진으로 남겼던 교사들도 어린이들이 집중하는 찰나를 얼마만큼 숨죽이고 들여다보려 했는지 전달 받을 수 있었다.

뿐만 아니라 16개의 사례를 하나의 영상처럼 느껴지게 이어붙인 후 전체를 되돌려 보는 과정에서, 각각이 분절된 사례가 아닌 하나의 의미로 들려주는 것 같은 느낌이 계속해서 들었다.
결과가 화려하거나 대단한 발견을 한 프로젝트 사례가 아님에도 16개의 사례가 하나로 엮이면서 연결되는 흐름은 하나의 프로젝트처럼 다가오게 했고, 올 한해 재단 안에서 어린이들과 교사가 함께 자연에 대한 감수성을 조금이라도 느껴보는 시간이 되었다는 것을 확인 받을 수 있었다.

3. 나가며

한편, 전시회의 이미지 영상을 기획하던 중 '성인'의 시각에서 본 자연의 섬세한 흔적이 담긴 사진들이 있다면 보는 사람들로 하여금 새로운 시각과 영감을 줄 수 있을 것이라는 의견이 나왔다. 재단연구팀에서 1년간 각자 찍었던 사진들을 모아보니 우리도 모르게 올 한해 주제였던 도담솔을 재개념화 하는 과정에 심취하며 살았다는 것을 알 수 있었다. 재단연구팀 내 워크숍, 외근, 출장 등을 하면서 우리도 일상 안에서 느낄 수 있는 자연의 변화나 소소한 흔적에 놀라워하며 사진으로 남기려고 애썼고, 꽤 많은 양의 사진이 있다는 것을 확인하면서 우리도 재단의 어린이들, 교사들과 함께 공통된 주제로 호흡하며 살았다는 것을 깨달았다.

전시회 공간 내 높은 천고를 활용해서 '어린이들'이 중심이 되는 사진 및 표상과 함께 '성인'의 시각에서 남긴 재단연구팀 사진을 교차하여 배치해 보았다. 빔을 통해 크게 보이는 사진영상들은 보다 더 자연의 경이로움을 시각적으로 집중하게 만들었고 2개의 영상이 주는 의미와 방향이 유사했기에 재단차원에서 느꼈던 자연에 대해 전달해 주고 싶은 메시지는 더욱 강렬하게 다가옴을 느꼈다. 이처럼 **'결과적 기록작업의 과정'**을 통해 재단연구팀도 다시 한 번 자연이 주는 놀라움을 깊게 되새겨 보는 시간이 되었던 것이다.

사람들은 인공적이거나 인위적인 것을 보면 자연스럽지 않다고 말한다. 그럼 '자연'에서 말하는 '자연스러운 것'은 무엇일까? 스스로 존재하거나 저절로 이루어지는 것이라는 뜻을 품은 자연은 어쩌면 우리들에게 자연이 지닌 본성에 대한 '인정'으로부터 시작해보라고 귀띔 해주는 듯하다. 이렇게 자연이 주는 메시지로부터 시작해서 도담솔을 재개념화 해봤던 우리의 지난 시간을 되돌아보면 처음부터 도담솔에 대한 명확한 생각이 있었던 건 아니었다. 사실 19년 사업을 계획하면서도 걱정과 기대감이 교차하는 복잡한 마음이었다. 오히려 지금까지의 경험들을 곱씹어 보는 과정 안에서 한솔다움이 묻어난 도담솔을 찾아가는 여정이 우리에게 얼마나 중요한 일이었고 어떤 방식으로 즐기고 있었는지 느낄 수 있는 시간이었다.

마무리된 글을 다시 보니 우리 각자가 감동했던 지점이 조금씩 다름에도 모두 하나의 가치로 이어져 있음이 그저 놀랍기만 하다. 모든 것은 재단이라는 시스템 안에 있었고 서로 간의 관계로 연결되어 있었다. 대표님과 재단 내 모든 연구원들, 재단연구팀과 KCCT 현장연구원, 어린이집의 원장, 교사, 어린이들이 모두가 물리적, 지리적으로는 흩어져 있었을지 모르겠지만, 각자의 자리에서 서로의 생각을 나누던 협의과정은 하나의 시스템으로 움직일 수 있는 원동력이 되었던 것은 아니었을까?
결국 이 모든 과정은 따로 떨어져 움직이는 것이 아니라 서로 맞물려서 유기적으로 움직이고 있었던 것 같다. 그 과정에서 재단연구팀이 골몰했던 일에 의미를 부여하기도 하고 의지하기도 하면서, 서로가 서로에게 존재의 이유가 되었던 한 해였다. 그간의 일에 대해 재단연구팀의 관점에서 느꼈던 생각을 글로써 표상해보고 다시 협의해보는 작업은 팀 내부에서도 어느 해보다 교사들과 함께 어린이와 자연 사이에 보이지 않았던 벽을 허물 수 있었던 진한 경험을 확인받는 시간이었다.

어린이와 교사가 함께 자연생태계의 현상에 민감하게 반응하다

지난 1년 동안 우리는 '도담솔'이라는 주제에 따라 생태적 감수성 증진을 목표로 어린이들과 다양한 방식으로 자연을 만나는 데 주목해 왔다. '도담솔'이 추구하는 바와 같이 자연을 주제로 한 친환경적 접근은 어린이 교육 및 보육 분야에서 이미 강조되고 널리 퍼져 있으므로 각자 나름의 이해와 실천해 본 경험이 있을 것으로 생각되었다. 그래서 그간 우리 재단의 현장에서는 어떤 방식으로 실천해 왔는지, 그리고 이와 관련된 교사의 인식은 어떠한지에 주목하면서 올해 현장 연구를 시작하였다. 한 해를 거치며, 우리는 매우 정형화된 자연놀이에서 벗어나 하나의 학습공동체로서 경험을 나누며 조금씩 변화를 만들어나갔다. 앞 장에서 이미 기술된 내용을 다시 한 번 간략하게 요약해 보자. 우선, 우리는 주로 자연을 풀, 곤충, 흙처럼 특정 사물로 접근하던 자연놀이에서, 풀을 어떤 상황에서 그리고 무엇을 위해 어린이가 만나고, 곤충과 어린이가 어떤 관계를 맺어 가는지와 같이 맥락적이며 관계적인 자연놀이로 접근해 나갔다. 교사가 어린이에게 자연보호와 같이 추상적인 슬로건을 주입하는 대신, 꽃의 생명을 보존하면서도 인간의 목적을 어떻게 동시에 고려할지와 같은 현실적 문제를 교사와 어린이가 함께 탐구하는 방향으로 이동하였다. 탐색의 방법도 야외에서의 직접 관찰이나 실험을 통해 객관적 사실과 지식 습득을 추구하는 것에서, 장소와 상관없이 자연 현상에 대한 어린이들의 생각, 어린이들이 자연과 만나면서 생겨나는 관계 혹은 정서적 공감에 주목하였다.

우리는 교사가 **자연에 대한 관점과 놀이에 대한 시각**을 바꾸면 자연놀이의 새로운 지평이 열린다는 것을 직접 목격했다. 자연놀이에 대해 열린 자세로 접근하기 시작한 교사는, 직접 어린이들을 구체적인 방향으로 이끌기보다 놀이 상황이 전개되면서 어린이들이 구성해 나가는 놀이의 흐름을 존중하며 지원하였다. 그러자 어린이들은 정해진 목표와 고정관념에 얽매인 성인보다 훨씬 더 민감하게 자연의 모습에 주목하고 반응하였다. 지난해 교사와 어린이들이 생태적 감수성 증진이라는 포괄적인 가치를 매일 구체적 상황에서 살아내려고 노력한 현장 사례를 검토하고 돌아보며, 우리는 교사들에게 몇 가지 도움이 될 만한 공통적 책략을 도출해 내었다. 이 책략들은 본 책의 II부에서 사례들을 조직하는 데에도 사용되었으며, 지나치게 추상적이거나 너무 구체적이지 않은 중간 차원의 진술로 이루어져 있다: 1) **자연을 찾아 어린이와 함께 일상적 환경을 새롭게 바라보다. 2) 자연과 만나는 어린이의 다양한 경로를 존중하다. 3) 자연을 탐구하는 어린이의 가설을 격려하다. 4) 자연과 어린이의 관계에 주목하다.**

우리는 교사들이 어린이들과 자연을 만나도록 할 때 위의 4가지 책략이 실제적인 도움이 될 것이라 기대한다. 이처럼 교사들의 관점 변화에 우리가 주목하는 이유는 어린이들의 변화에 교사의 역할이 중요하다고 판단하였기 때문이다. 출발점에서 불안한 마음을 억누르며 교사가 자연과의 만남에서 어린이들에게 주도권을 제공하자, 자신들이 탐색방법과 대상을 스스로 결정할 수 있음을 감지하였고, 이에 따라 그들의 행동과 생각이 변화하기 시작하였다. 이 새로운 반응에 교사가 다시 주목하면서, 어린이와 자연을 바라보는 교사의 생각은 더욱 변화하였고 자신의 변화된 관점에 조금씩 확신이 생겨남을 볼 수 있었다. 이처럼 어린이와 교사는 상호 견인하며 함께 변화해 가고 있었다는 점이 가장 놀라웠고 의미롭게 다가왔다.

3. 나가며

지난해 우리의 경험을 돌아보고 논의를 거듭하며, 우리는 한솔어린이보육재단의 '**도담솔**', 즉 '자연놀이'에 대한 우리의 개념과 지향점을 다시금 정리할 수 있었다. 첫째, 도담솔은 우리가 자연을 만남에 있어서 '**시대적 요구에 따라 선택해야만 하는 가치**'이다. 자연이 심각하게 훼손되고 생태계 질서가 파괴되어가는 상황에서 생태계의 지속가능성을 위해 우리가 기존에 해오던 친환경 교육 방법을 다시 돌아볼 필요가 있다. 자연의 무분별한 남용을 용인하거나 맹목적 보호를 외치기보다는, 우리는 자연과의 공존을 강조하고자 한다. 둘째, 도담솔은 자연을 '**하나의 살아있는 시스템으로 바라보는 관점**'을 선택하여 접근한다. 자연과의 만남에서 어린이들이 자연과 인간의 관계, 자연 속 다양한 요소들의 상관성, 자연이라는 시스템을 움직이는 원칙을 이해하고 그 안에서 우리가 어떻게 살아야 하고 어떤 태도를 지녀야 하는지를 고민하도록 한다. 셋째, 도담솔의 가치를 구현하기 위해서 '**어린이가 주체가 되는 배움의 맥락으로서 놀이**'를 적극적으로 활용한다. 여기서 어린이가 주체가 되도록 하려면 놀이에 대한 재-개념화가 필요하다. 특정 학습 목표를 이루기 위해 자연 현상을 실험과 관찰 대상으로 삼는 기존의 준비된 활동은 어린이와 자연이 만나는 범위와 깊이를 제한하기 쉽다. 따라서 우리는 '**자연-놀이**'란 **어린이가 나름의 방식으로 자연과 만나서 탐구하고, 관계를 맺는 과정에서 자연의 이치를 깨달을 기회가 생겨나는 놀이** 상황으로 정의하고자 한다.

여기에 정리된 현재까지의 잠정적 결론은 필요에 따라 계속 수정될 수 있다. 그러나 우리가 선택하고 실천에 옮기기 위해 노력했던 자연과 놀이에 대한 관점은, 한솔어린이보육재단이 중점을 두는 '도담솔' 개념에 국한되는 것이 아니라 모두가 추구할 만한 가치가 있다고 우리는 믿는다. 항상 살아있고 역동적이며 풍부한 저력을 지닌 '자연이라는 경이로운 시스템'과 그러한 자연을 만나면서 우리를 계속 놀라게 한 '어린이라는 탐구적이며 관계적 존재'의 진정한 만남은 어쩌면 필연적인 것이기 때문에, 우리는 앞으로도 열심히 이와 같은 만남의 기회를 만들어야 할 것이다.

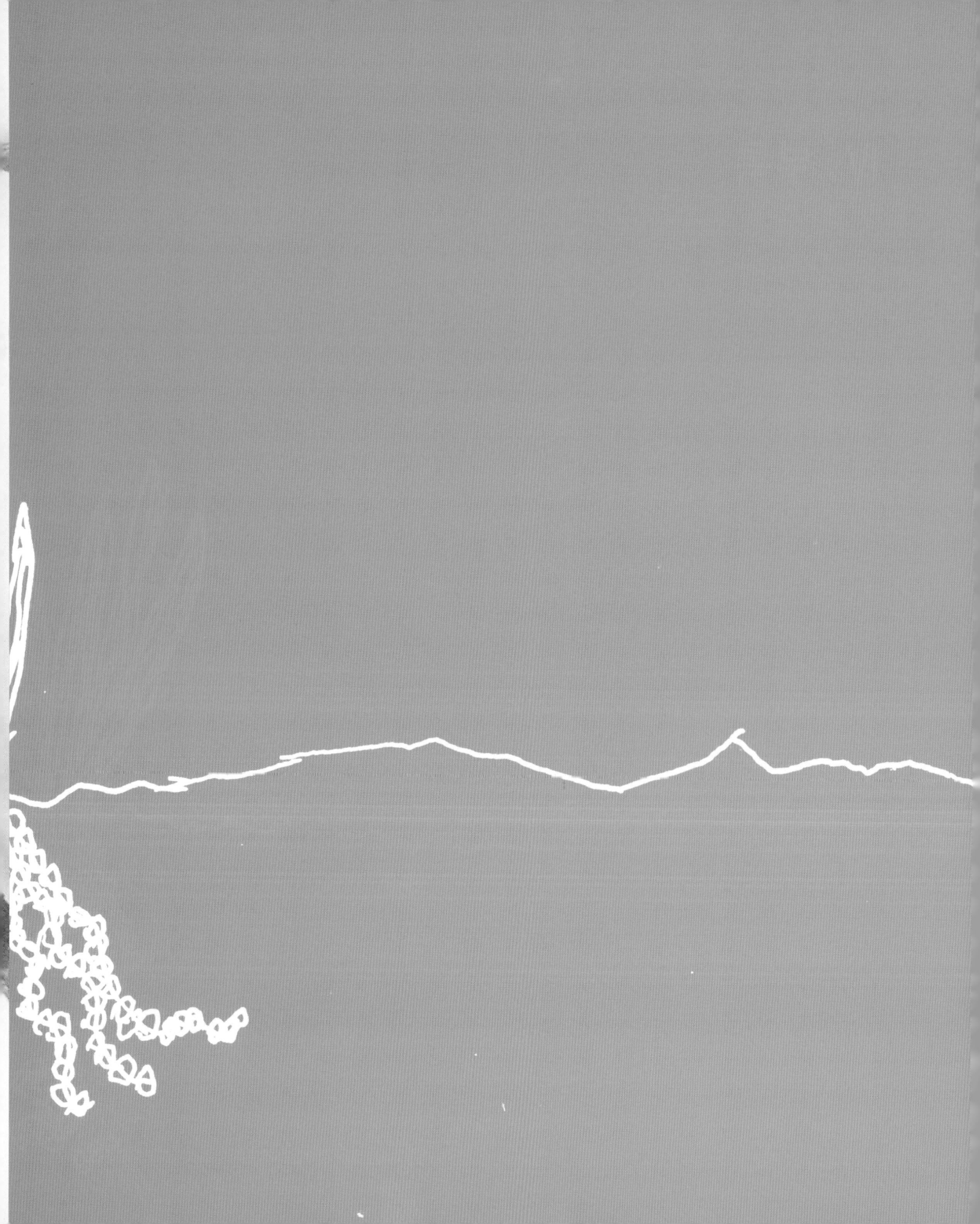

결과적 기록작업 「제3회 한솔어린이보육재단 패널전시회」

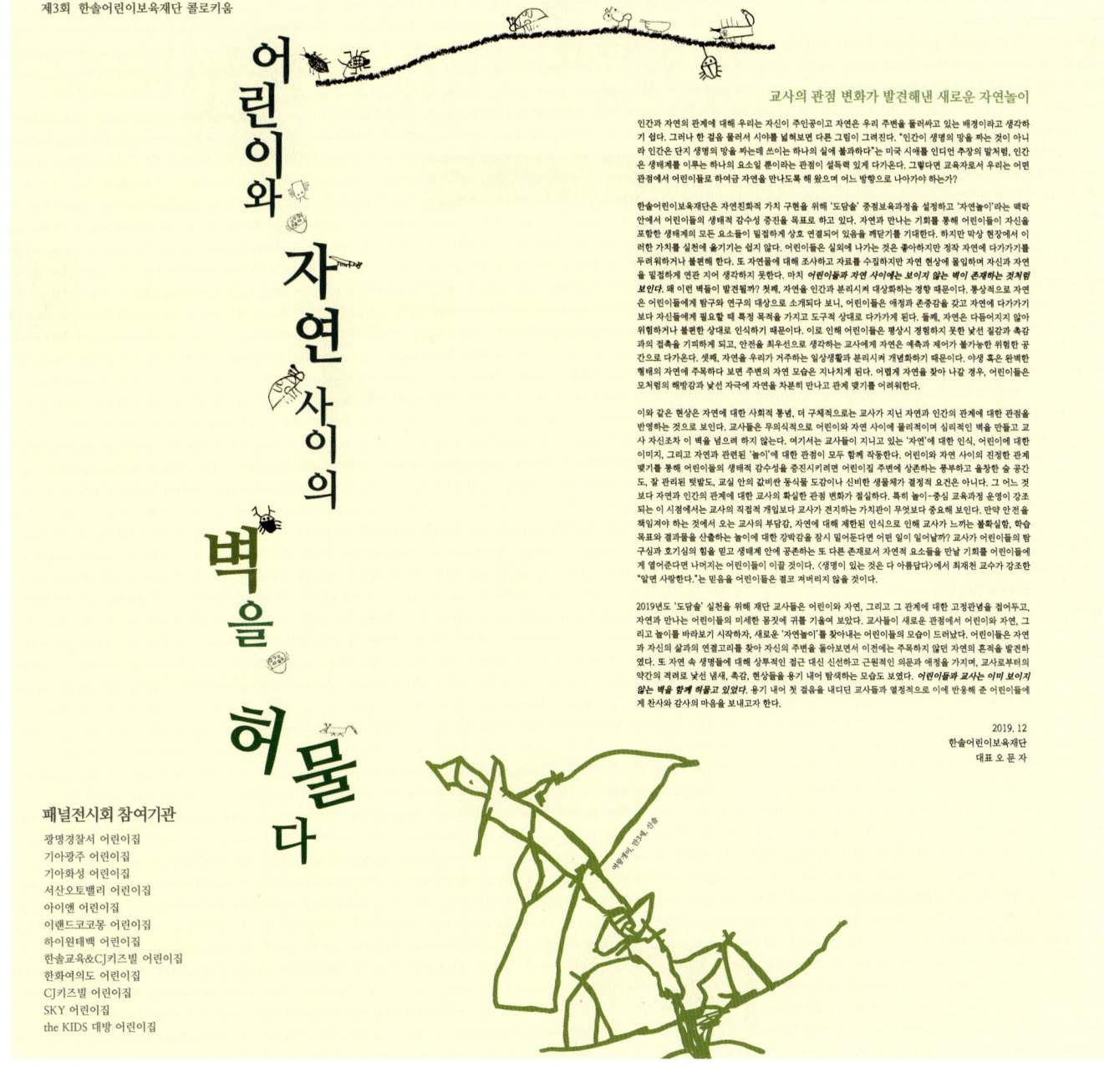

친구, '벗(友)'찌를 만나다

새로운 자연물, 벗찌를 발견하다

눈이 오는 날, 어린이집 근처 놀이터에서 한 영아가 바닥에 떨어진 벗찌를 발견하였다. 교사는 벗찌를 좋지 못한 것이라 생각하여 반사적으로 하여 영아의 벗찌에 대한 관심과 흥미를 외면하게 했다. 하지만 그 후로도 벗찌를 발견할 때마다 영아들은 아쉬운 얼굴로 "벗찌가 뭐죠?", "벗찌 보실래?"라고 물었다. "집에 가져가요"라고 하며, "지붕바닥도 이게 벗찌로 넣어..."라고, 우물 먹으려고 있는 것이 아닐까? 하는 생각이 들었다. 벗찌를 지붕분한 것이라는 교사의 시선에서 벗어나 영아들의 시선을 따라가며 벗찌와 만나는 그 순간들을 자세히 들여다보기로 하였다.

벗찌와 놀이를 시작하다

그 후 놀이터에서는 자유롭게 벗찌와 놀이를 하도록 했지만 교실에 벗찌를 들일 수 있도록 해주기에는 제한이 있었다. 고민 끝에 오랜시간(놀이시간) 동안 학기 초부터 구성되어 있던 역할놀이영역 영아의 생활모습 갖추기 그곳으로 벗찌로 놀이하며 탐색하고 것을 동물이 수 있었다. 초반에는 큰 얼음을 가지고 놀이를 짧은 두 하지나 길게 지속되지 않았다. 영아들의 관심에서 시작된 놀이인데 왜 금방 흥미를 잃은 것일까?

"벗찌는 어떤 놀이를 원하는 걸까?"라는 교사의 생각으로 제시된 놀이는 영아들이 원하는 놀이가 아니었으므로 모른다는 것을 깨달았다. "벗찌를 교실로 가져가고 싶다."는 영아들의 이야기에서 관심을 살피고 "어떻게 놀이하고 싶은지 에 대해서도 고민하지 않았다는 생각이 들어 놀이하며 놀이하는 모습을 찍은 사진과 기록을 반복해서 보며 되짚어보는 시간을 가졌다.

사진과 기록 속의 영아들은 벗찌를 이용해 다양한 놀이를 하고 있었다.

벗찌를 티포에 손에 문지르기, 문지르면 중 절차 끈적끈적해지는 벗찌의 특성을 발견하기, 벗찌 즙으로 나뭇잎과 음식에 물들이기, 손에 묻은 벗찌 즙으로 따라가 나무에 도장 찍기, 벗찌로 개비들과 비밀 항상 만들기, 벗 꾸눙 나무가지의 손가락에 묻어 그림그리.

벗찌와의 놀이에 몰입하다

놀이를 뒤돌아보는 과정을 통해 영아들은 단순히 벗찌에 색색만 관심이 있었던 것이 아니라 벗찌의 특성을 알아기이고 하고, 벗찌로 할 수 있는 일에 수 있는 놀이를 확장하고 싶어 했다는 것을 알게 되었다. 영아들로 하여금 '교실에 벗찌를 위해 교실 안 벗찌 놀이 공간에 벗찌 즙을 만들기, 다양한 자연물, 뜻, 종이 등을 함께 제공해주고 자신만의 방법으로 놀이할 수 있도록 지원하였다.

벗 즙으로 놀래기, 나뭇가지의 색을 따라가 위해 즙중에 묻고 나뭇잎과 벗찌를 활용해 맛있는 음식을 만들기도 했다. 손과 다 전체를 벗 즙으로 물들이고 전 하지 색으로 자신의 온몸에 즐거워하는 영아, 발과 다리 전체를 벗 즙으로 물들이는 영아도 있었다.

특별한 존재, 벗찌를 기억하다

벗찌 놀이 결과, 등이에 남은 존재들은 책상의 바닥에 불어가고 있는 존재들은 현장에서 태어난이다. 특별활동이 교실에서 진행되는 날, 특별활동 선생님이 이를 보고 "애들아, 이거 뭐 돼요? 지붕분해요."라고 말하자 영아들이 모두 입을 모여 한 목소리로 말했다. "아니에요! 이거 우리같이 별찌로 한 거예요!" 대어 반한 벗찌 열매에서 다음 시간에는 보게라는 지붕분하게 물들임도 있을 것 같아 들어가도 있아이들에게 자상들이 놀이한 꾸옴의 추억 나눠보니, 어디서나 만날 수 없는 소중하고 아름다운 것이었다.

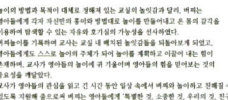

가을의 걸어보다 놀이터의 벗찌가 모두 사라졌다. 벗 놀이를 못한지 한참 지난 봄에도 그 당소에 그곳에서의 생활들을 기억하고 있는 가 궁금해져 영아들과 산책길에 가보았다. 놀이터에 도착하자마자 영아들은 "여기 벗찌늘(어디야! 벗찌여!" 하며 여기저기 풀어서 벗찌늘 찾기 시작했다. 하지만 벗찌는 찾을 수 없었고 벗찌가 있던 자리엔 근 개비들이 나타났다. 어린이집으로 돌아오는 길, 벗찌를 찾아 못해 설명하던 영아가 말했다.

"벗찌가 숙였다요, 벗찌는 우리 친구였는데" 영아들에게 벗찌는 친구와 같이 '특별한 존재'가 되어 있었다.

요즘의 영아들은 놀이터에서 새로운 열매들이 발견하였다. 녹색, 빨간색, 보라색 열매 색깔 모양이 벗찌를 닮기도, 꽃의 색과 다른 이름을 자유스케 놀이하며 같은 놀이가 멀쩡 모으로 엄중하고 있다.

벗찌와 해어진 뒤에도 영아들은 '열매'에 계속해서 관심을 가지고 매일 놀이터를 근처 수목에서 새로운 열매를 찾으며 놀이하고 있다.

놀이의 방법과 목적이 대체로 정해져 있는 교실의 놀이집과 달리, 벗찌는 영아들에게 각자 자신만의 흥미와 방법대로 놀이를 만들어가고 온 꿈의 감각을 이용하며 함께할 수 있는 자유로운 자연들의 가능성을 선사해준다. 벗찌놀이를 기록하며 교사는 내 벗찌의 놀이집들을 되돌아보게 되었고, 영아들에게 스스로 놀이의 주체가 되어 놀이를 계획하고 이끌어 가는 힘이 존재함과, 교사가 영아들에게 놀이의 길잡이여 자유 길과 영아들의 힘을 만나게 다는 것의 중요성을 깨달았다.

교사가 영아들의 관심을 읽고 긴 시간 동안 일상 속에서 벗찌와 놀이하며 친구로서 수 있도록 지원해 줌으로서 벗찌는 영아들에게 '특별한, 소중한', '우리의 및, 친구' 로 기억되고 있었다.

결국 임식적인 관심을 갖기 시작한 순간에 벗찌의 존재를 인식하고 관심을 갖기 시작하였고, 그 관심이 생활에 특성을 발견하여 놀이하는 과정에서 영아들에게 벗찌에 대한 겸손이 깊어지며 더 오래 관심을 기울이게 되었다. 그리고 그 관심이 영원한 아쉬움에 대한 경계 관심으로 이어지고 있었다. 영원한 관심은 이제 정원들에게 자연을 경험하며 자연스럽게 여기고, 더 많이 시 많은 것들이 생각해 해가는 놀림이 되고 있었다. 세계 이해이 되면 '죽은' 꿈 놀이보며 벗찌를 다시 만난 때 영아들은 어떤 모습일까? 돌아오는 친구의 해어진의 다시 만남도 기쁜 길을?

나무 반 년의 안 한간의 해어질지도?

해어지고 같은 계절에 벗찌와의 관심과 해어집이 반복되고 놀이 경험이 쌓여갈수록 영아들은 자연의 생명의 변화, 순환에 대해도 조금씩 더 느끼고 알아가게 될 것이다, 기대해본다.

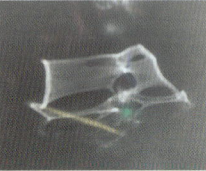

기아링주어린이집, 만3-4세

나타났다 사라졌다

일상에서 만나는 자연의 현상들을 우리, 성인에게는 너무나 당연해진 프로세스라 귀로 스치우린다. 하지만 세상을 알아가는 어린이들에게 자연은 질문이 느끼는 가까이 했다 그런 자연과의 만남이 전혀 다른 의미로 다가온다는 것을 중금 발견하게 된다.

어느 날, 교실 천장에 처음 보는 행태의 빛이 나타났다. 어린이들이 (신기한눈으로 이리 저리 새로 만들어 던 것을 살머리 이 때 듯이 벗이 움직여 가고만다. 우리들을 통해 들어온 빛이 반짝이며 모임을 만들어 두 것이다. 매일매일 날아가기 및 의 현상을 발견한 어린이들이 및에 대한 극금증을 보이기 시작했다.

빛에 대한 궁금증: 오늘은 왜 안 나오지?

서로이는 점심을 먹지나 놀이를 하는 중에 문득마다 빛에 대한 이슈을 이야기했다. 하루 날라 및 특히 날씨 나빠진 하루 날 및, 어떤 날은 가기에 나오지 않기도 하고, 어제보다는 작은 색으로 나타나기도 하는 날, 서로이는 어릴 때도 보일까? 어느 순간 없기에 연변하게 말아졌다. "빛" 이라는 궁금중을 반복해도 드러냈다. 서로이의 피웅들을 어떻게 되답해 좋을까, 궁금과 관심만지를 무기 되어 모임 자연의 특성에 대해 함께 이야기를 나누는 것은 잘 수 있었다. 그러나 어린이 스스로 자연의 대한 자기만의 보기는 빛에 대한 궁금증을 함께 중금해하며 기다려주기로 했다.

가설의 교류: 구름이 해님을 날렸나?

장마비 끝자락이었던 어느 날, 남경에서 입체 떠 있는 교사의 말에 교실을 둘러보고 있었다.

비가 개어뻘 구름이 많은 날이던 그런지 천장에는 예전의 알록달록한 빛이 화려한 빛이 나타나 있었다. 그런데 이틀, 구름이 전혀 가까이시작하면서 교실이 함체되고 선명한 빛이 나타났다. 몇 다 구름이 바르게 이동하면서 빛이 나타났다 사라졌다를 반복하는 것이었다. 교사는 이 신기한 현상에 함께 주목하여, 문득 서로이의 및 에 대한 생각이 궁금해졌다.

교사: 왜 몇이 나타났다가 사라졌다 하는 걸까?
서로: 그건.. (창박이) 잎이자 점칠 해는 것이기, 정말 때는 안 생기는 거야.
교사: (창문을 보면서) 가지는?
서로: 아니... 정말 있잖아.
교사: 아니 정말 좋아보지는 게.
서로: 아니야, 가기 바람 왔잖네.
교사: 바람친구가 햇님을 가져라 안 보이는 거야.
서로: 응. 구름이야!
교사: 왔아. 구름이 해님을 날랐다! 구름이랑 해님이랑 떨어졌다가 만나 봐.

나타났다 사라졌다 하는 빛에 대한 관심이 커질, 서로이의 반응을 만나면서 조금씩 흔들리기 시작했다. 처음, 해님의 행령이라고 단순하게 대답했던 서로의 눈에 생각보다고 결코 두 어린이의 구름이 빛을 가린 것이 아니라 담긴다는 것을 통해 빛의 특성의 대해 인해 접근한 것이다. 새로운 가설을 만들어진 것이다.

빛이 우리에게 오는 것은 그의 단순한 투용이 아니었다. 그 사이 다른 자연의 요소인 바람, 구름, 개념하다 있었고 그것들의 관계에 빛을 일이 빛의 현상이 만들어지고 있었다. 어린이들은 빛을 이해하기 위해 햇빛만이 아닌 자연 속 다양한 요소들 간의 관계를 생각하기 시작했다.

놀이가 된 빛: 이거... 열어졌어요!

가빈과 준호는 서로와 대화를 주고 있었 대변하는 다 안에 있어 입면 자동물을 보여 만 처음에 현상을 바라보았다. 그리고 자신이 이름을 움직이는 대로 빛도 움직인다는 것을 발견하게 되었다. 드디어 빛을 만들 수 있는 다른 요소인, 만사체로 찾아낸 것이다.

대용이 좋은 플레스틱 소크에 어린이들은 나뭇잎 같 것 없이 난감에 동일 자동물을 움직이 보았다. 방가루 있던 빛을 마뿌리에 움직여도 할 수 있게 된 것에 마뷰어진 영아늘과 어린이들은 빛이 그 이상한 현상이 아니 하나이 놀이가 될 수 즐길 수 있다.

놀이라는 새로운 목적 아래 이루어지지도 래코글리피를 난간 위에 올려보았다. 그런데 그 때, 구름이 이동하여 천장에서 일행하지 모두 빛이 사라지게 되었다.

경민: 선생님! 이거 두 개 뒤에서 떨어졌어요!

경민이는 당황한 돗 보였다. 마음에선 및 수 있다, 보아도 빛이 자유롭게 다를 수 있는 것이 아니라는 두 구름을 움직지만, 경민이는 자신이 빚놀이로 인해 나타난 결과라고 생각했다. 구름이 이동했다, 다시 빛이 뾰족 이 하고, 곧바로 빛이 나타났다.

교실이 다시 함께졌다 나타던 빛은 레코글리퍼의 반사되어 글자로 아주 형태를 띄었다. 이후 어린이들은 다양한 놀이집들을 반사해 들어보기 시작했다. 이 물집도 빛이 반사될까, 빛이 모양이 어떻게 다를지 탐색했다. 그리고 물집의 모양과 색에 따라 빛 모양이 달라지는 것을 실험해 보며 알아간 하다. 반사해 볼 만들의 다시에서 방향으로 조절해 보는 것도 빛이 좋을 속을 비추게 하다. 그래 없는 관속, 속에 빛을 쓰게 하면 '나의 빛을 짓다나'로 도 탐색했다. 그림이지 글과 빛의 변화는 자연의 관계를 설명하는 수 있었다.

빛의 이미지: 우리가 꿈꿀 때만 만날 수 있어요

이후에도 어린이들은 자신이 이주편에 빛의 특성별 대해 자주 이야기를 나누었다. 어린이들이 놀이를 통해 느끼고 있는 빛의 이미지를 표현하게 함께 공유해보았다. 대부분의 어린이들이 빛에 대한 요인 초등을 많가르 그림으로 표현하였는데 무지개, 그림빛, 무지의 생명체, 빛 나오는 자던.." 등 어린이들이 자신의 발견한 빛을 부르는 이름이 망한다. 뿐만 아니라 어린이들은 고정되지 않고, 생동감있게 움직이는 빛의 특성에 의미 입게 생각한다는 것을 알 수 있었다.

그런데 왜 우리가 잠잘 때만 오는 거지?
오늘은 왜 안 나오지?
오늘은 다른 색이네요! 왜 다른 색이에요?

우리가 꿈 꿀 때만 만날 수 있어요

- 무지개 생명체
빛이 불규칙적으로 말라지고 빛의 변화하는 것을 표현한다. 빛을 살아 있는 유기적인 것으로 '생명체' 라고 표현한 것을 이해해볼 수 있었다.

- 빛 나오는 자전거
무지개와 같이 이미지로 빛을 표현한 것이지만 여 세세한 자국의 비해이 포함하였다.

어린이들의 처음 만나났던 빛은 시간의 흐름 속에서 우주만 나타났다 사라지는 신기한 현상의 표현되어 있었다. 빛은 한 자체의 연령되어 있지 아니라, 빛과 지연의 관계에 있으며, 빚이 빛, 물질모양, 그리고 우리 새로운 모양으로 만들어지 것이었다. 그림이거 자연의 빛은 더 자유로 수 있고, 아름답게 보여 이야기한 수도 있고, 다양한 모습으로 나타났다. 이어떤 특성이야 말로 자연의 아름답지 아닐까.

횃산리 마을의 보물지도

어느 날 하윤이가 보물지도처럼 동그랗게 말린 종이를 들고 온 이후로 어린이들의 놀이 속에 종종 보물지도가 등장하며 시작했다. 바람을이 하면서도 보물지도 이야기를 한다.

하윤: 얘들아, 여기여기!
혜나: 여기 있어봐!
승현: 아름으로 와 가서 이렇게 빵글 돌려 있어!
지윤: 끝엔이랑, 여기 이가 보물이야. 뭐! 활! 내가 여기 이렇게 이렇게 보물이니 ~ 쨤.
지윤: 여기도 가면 아니야! 빠!
지윤: 여기도 오비! 짜물이야!!

어린이들은 늘이터 주변으로 풀어 나가 뒤아나고 있었다. 보물을 찾고 있는 것이다.
어느 순간 모여 앉아다 땅 위에 긁을 그러간다. 보물지도다.
이렇게 바람을이를 할 때면 어린이들은 함께 보물을 찾기 시작했다. 보물지도가 등장했다.
놀이 보물지도는 그 자체로 표현이 아닌, 누구도 빈약을 하기나 부정하지 않고, 보물을 찾아가는 길을 표시하는 땅 위의 보물지도 이야기에 빠져 있었다.

자연이 준 보물?

서현: 여기요, 여기 구모꼬릎이야, 여기 엄청 쾌나봐지?
민서: 여기 밖으로 자연 무엇을 엄청이 있어!
지윤: 무서워~ 우리 살살걸어!!

어린이들은 산책길에 만나는 닭풀, 강아지 생각만으로 즐겁다.
주변을 둘러보기도 하고, 발걸음을 멈추고 바닥에 앉아 자세히 놀여다보기도 한다.

지윤: 선생님! 여기 보물이 있어요!
지윤: 우와, 진짜 너무 부래쁜이야!! 오~ 나는 조금 찾았다!
승현: 여기는 노란색 꽃이 붙여있는 나무요, 예빠지!
하윤: 굴은 잘 곳으로! 여기 노란색 여기 나무일이 있어.
지윤: 지면아 이거 봐. 나무일이 기분좋아.
서현: 얘들아, 나 보물 많이 주웠지!

어린이들이 바람에 서서 찾는 보물은 다양했다. 때로는 들이 보물이 되기도 하고,
때로는 나무일, 꽃잎, 씨앗이 보물이 되기도 했다. 바람에서 보물을 찾는 어린이들에게는
자연에서 존재하는 모든 것이 특별해 보이는 것인가?
어린이들의 자연에서 보물을 찾는다고. 뒷들 때, 교사는 아름다움이 느껴지는 것을
기대하고 있었다. 그러나 어린이들은 굴러서는 가고, 엔처진 나무일이 빠, 벌레, 먹 나무일,
번째 많이뜰는지도 모를 나무일, 누군가 핀고 빼런 초개일등을 찾아 보물이라 한다.

승현: 이 돌은 하수 같아, 이거 는 여기 여기 있어!
서현: 이거는 정말 고물 나무일이야.
지윤: 이 나무일은 나무야라 이렇게 왔는 나무일 말려져가 있었어.
지윤: 나무일을 주어어 있는 이거는 생일날에 마른 가져서 예쁠거야.
지윤: 너무 꾸어서 소소해.

어린이들이 자연에서 보물을 찾을 때 나무에 있는 나무일을 따가나 뿌울 뽑지
않았다. 생명을 가진 것, 그래서 어른들에게 가치 좋을인 것이 있다.
이 아름다움 찾는 것이 존재하는 이들에게, 어린이들의 그것들의 가치에 매기지 않고,
생명을 다했기나 마땅해 여기지 않았다. 어린이들은 이들의 생명이 있는 것과 생명이 없는
것을 구분하고 있고, 생명이 있는 것은 소중하게 여기고 있었다.
그러나게 오히려 생명을 다해 떨어진 건, 빼꺽이 이르기저미 갈라지는 돌들 같은 것이
어린이들에게 보물이 된다. 그런을 어린이들이 자연에서 생명을 느끼고,
자연을 이해하고, 소중하게 여기고 있는는 것도 알 수 있었다.

우리만의 특별한 보물지도!

미세먼지 때문에 비릿 바람을 나가지 못하는 어린이들에게 서로의 경험들을 이야기에서
나눌 수 있도록 뭡을 이용하여 로드뷰를 제공했다.

혜나: 매일! 이게 뭐지?
하윤: 바다이다.
승현: 우리 바다 간다?
혜나: 우리 지금 바다에 온 거야?
하윤: 선생 중이지! 나도 한번 해보자.

어린이들은 마을 가까이는 바다이시부터 로드뷰를 따라 자신들이 알고 있는 옷소들을
찾아 간다.

마음: 빨이 돌아~! 빨이 욱가.
승현: 아, 여기 비봉이 돌아있다.
마음: 근데 물이 보여! 여기서 물을 뭐 집었어!
민서: 우리 여기에서 오기 비봉을 뜨이거!

'비통이 놓은 큰 환산' 어린이들의 마음속에 망은 우리반의 장소이다. 누군가는 그곳 지나가며 노란 곳으
우리에 빨이 되기도 했다. 어린이들의 자신만의 소중한 보물들을 선생님이 해준다.
어린이의 지도를 보여 비봉이 놀이 기억하고, 찾아가며 즐거워했다.

승현: 선생님, 어기 비봉이 놀이 아니에요? 이거 그래 볼래요.
지윤: 나도 여기 그리고 거 같이 해봐.
민서: 자울어, 나도 같이 될래.

어린이들 마음 표현한 것을 종 하나 위에 있게 보물해주고 마음을 어린이들의 표상들이 지도, 로드뷰를 함께 배열해 주었다.
어린이들은 동을 이야기를 나무에 적극적으로 자신들의 즐을 나누어갔다.

지윤: 여기 나무에요 이 있잖아. 오다 나가가 누어 있었어. 그래서 이제 오다 본 해어.
오다 나가가 죽이가여.
민서: 우리 여기 보물 주워본!
지윤: 여기서 나무가지 보물 같이 이!
승현: 비봉이 놀에 녹색 오지 말았죠! 바. 스 할 수 없어, 녹색이 오면 우리 동생이 위험한다니까.
지윤: 그리고 여기는 보물을 많이 주워서 텍스!

어린이들의 보물과 보물지도 이야기는 한 아이가 기차처로 둥그렇게 말린 종이 한 장에 대한 관심에서
시작되었다. 놀이터에 작정하는 눈에 보이지 않는 이야기들과 교사도 함께 반경을 기자에는 보물지도 그들이 놀이를
일마나 풍부해게 하는지 알 수 있었다. 특히 나 자연 속에서 보물과 보물지도는 어런 맛을 빚어 수도 있고,
보물을 찾기 위한 과장에서 어린이들은 자연에 더 가까이 다가서고, 더 길이 찬여나서 방식에 길 수 있었다.
엄이 짝별 돌, 조개들, 엠에 반은 나무가지, 구명 나고 말한 나무일, 생명력을 잃은 풍물들 보이는
것들이 어린이들에게 보물이 되는 순간 자예이 묻발해진다. 그런을 어린이들이 자연에서 생명을 느끼고,
자연을 이해하고, 소중하게 여기고 있는 것도 알 수 있었다.

어느새 우리의 마음 지도는 자연이 준 보물들이 기록한 우리만의 특별한 보물지도를 갖고 있어 되었다.
알고 또 놓가지를 지나 겨울의 오면 확산리 마음 비봉이 놀에 어린이들은 어떠한 보물들을 발견할 만지,
우리의 득별한 보물지도 안에 어떤 보물들이 새로이 넘겨게 될지 기대가 된다.

자연을 '코로 만나다'

자연으로 나가 냄새를 찾다

(슬라임) 진짜 향기가 나면 좋겠다.
나는 죽 나 못슨이야. 냄새 별의 좋잖니 맞있는데.

우리반 어린이들이 자연을 친근하게 대하는 시작품은 오래전 가지고 만든 '슬라임 놀이'부터였다. 어린이들은 슬라임을 만들며 다양한 경험을 하였다. 그리고 슬라임을 만들며 눈속에서 만든 색, 향기, 측감을 위해 나만의 슬라임을 만들고 싶어하였다. 그 중 그동안 '향기를 넣는다'는 것 돌라간고고 싶었다. 입맛새로 사물을 탐색했던, 시각적 측감을 갖 사용하는 반면, 우리는 장미각 자극이 없었음을 느꼈다. 그래서 이번 기회를 통해 많이 사용하지 않는 주기에 접촉해보는 시간이 되지 않을까? 낳고 싶은 향기로 자연을 떠보는어린이들과 매일 가는 산책길을 나섰다. 특별한 것이 있 지 않을까 위해한 교사와 담과 어린이들은 나무에 모이고, 바닥에 주저 않아 어린이들은 구석구석을 찾아나서나 향기를 받았다. 그렇만 한 받고 지나쳐 풍울을 발견했다.

처음 물도 많이 있어 나무 때가 같아게 내가 반가운 대문 못 같아.
처만 올일 찾잖아, 이 나뭇잎이 아주 향이 좋 나, 신기해네!
이렇이 내가 좋아하는 딸인이를 같아 있, 냄새 말이 맞았어. 쓰레기 냄새야. 이거... 못 지!
뭐한 대보자만 한 나물일 냄새가 여기 있어요. 지구인 안 날까 나요. 야성에...

어린이들은 당연이 풀에서는 좋은 향기가 난다고 생각했던 것 같다. 그런데 풀에도 다양한 냄새가 나오 신기해한다. 기술이 되어 말라가는 나뭇일에서도 낮낯이 있다고 했다. 어린이들은 '자연물을 향기가 다 있을 것'이라 고정관념을 산책을 통해 깨었다.

주변 다양한 냄새에 몰입하다

어린이들은 전이 슬라임이 냄새 맡기가 아닌 자연 그대로의 냄새에 몰입하기 시작했다. 하지만 냄새는 눈에 보이는 한 들어 잘아며, 것이었다. 교사는 어린이들이 찾했던 냄새를 다른 어린이들과 나눌 수 있도록 산책시 어린이들은 몸 집어 오기시한 반복 덱은 줄어와 함께 핵력해준 풍화를 가지고 다음어, 어린이들의 밤 다양했다. 그 말들을 덮이며 다양한 냄새를 공유해준고 하였다. 바로 어린이들의 눈에 보이지 않는 사람의 냄새를 그린다고 느꼈기 떠돈이었다. 기분으로 감은 다양한 언어로도 노나누는 시간에도 보여나갔다.

어린이 코는 같은 한 냄새지예네가 나!

그런데 여기엔 문제가 하나 있었다. 도대체 눈에 보이지 않고 혼에 잡히지 않는 냄새를 어떻게 그럴지 말이다. 어린이들은 다양이한 풀 냄새를 그리는 어려움 대신 해서 표현하기도 하였다.

물입한 냄새를 표현하다

교사는 풀 냄새라고 하면 풀을 그리고, 이 나무 냄새라고 하면 나무를 그리는 어린이들의 모습을 보며 실망과도 냄새를 따르게 표현할 방법이 없을까 고민하였다. 그러다 어린이들이 표현한 향기에 주목하였다. 기본이 불을 때는 구불 그런을 받게 왔다고 아린이들은 많다.

교사는 어린이들이 느끼는 다양한 냄새들 그림으로 표현할 수 있도록 채다론 표현을 공유하기로 하였다. 바로 어린이들이 그린 '비림' 이었다. 눈에 보이지 않는 비림을 그대다 다양한 선으로 표현하는 것이다. 선만으로도 그 차이가 느껴졌다.

근은: 모양이 다 달라~
윤호: 어, 빼숙은 점프처럼 이불고,
고피 있는 것은 이 바람 부풀에 낮게 참을 있는 거고,
꼬물꼬물 한 건는 바람이 조금 부는 거에요.

다양한 바람의 표현들을 도움해 주치, 어린이들은 어떤 바람의 유연을 이용하고, 서로 다른 모양을 신기해하는 듯 바라보기도 하였다.

그리고 어린이들은 그림의 날아왔다. 빼빼기가 아니 선으로 그리고 시작했다. 주변 여기 가까지 엄마오 말도 있었다. 비, 수 빼도 문도고고고 그림에 날아시도 있었다. 선 빠지 아니다. 정을 이용해서 표현하는 것도 인상적이었다. 한 가지 색으로 단조롭게 그린 그림에 도 어린이들 많은 냄새를 다영이 느꼈다.

서요: 우와 신기예. 대부분은 같 냄새가 정말 많이 나는데...
지금은 딱딱하지, 꺼블꺼블하지 내가 만졌으니 쏙쏙 냄새가 나!
냄새가 바삭했어!
하은: 나도! (꽃그림에 방향 컵질을 끝나)... 이상해... (그리기 시작)
큰은: 여기에서 나무요, 물, (발은 잎 권용) 냄새가 자연 거야, 이쁜 냄새... 굴 냄새,
미세먼지 냄새...

냄새를 찾는 어린이들 위해 근드이도 나온 굴의 컵질을 모일 전혁에 두었다. 시간이 지나면서 새 컵질의 냄새는 달라졌다. 어린이들은 이런 냄새의 변화에도 민감하게 반응하여 표현했다. 남도 설명하기 어려운 이 냄새의 변화를 그리나 어렵다. 다영이 선 분은 아니라 정찬까지고 그 형태도 그리는 것이 많이 들어랐다. 어린이들의 냄새의 변화도 많이 아니라 다양한 그들을 그렇게 해서 큰 영향을 주었다. 이제 어린이들은 빼꺼의 공수스럽을 그리기 외에 다양한 선들 정들로 표현해는 것을 즐거워했다.

어린이들 들이 같이 늘어내는 거예요.

냄새로부터 산책길을 새롭게 만나다

사 동안 다양했던 익숙한 산책이의 냄새를 함께 나누었다. 바람을이 하면 일어나 친구에 널 나이 작자 본 어린이들에 냄새를 말이라다 대화라는 나의 있다. 바람을이 하면 일어나 찍동해면은 산책길의 코로 만나면서 '자연이 가는 출겁이 있는 길' 이 되었다. 교사 또한 산책길을 화 예외라는 코로 만나떼며 '자연이 무엇을 갖고 느낌도, 그리고 그것을 어떻게 표현할지 구민해졌다. 어린이들에게도, 교사에게도 기대되는 산책길 되었다.

오늘 나갈 수 있어요?

새학기의 첫 등원을 손꼽아 기다린 아이들이 '오늘의 대기질 안내판'에 관심을 보이며 웃음을 그렸다. 어떤 것이 아이들의 웃음을 그치게 했을까? 매일 색깔이 변하는 판을 풀이하며 떼는 과정이 놀이감을 가지고 노는 것처럼 느껴지게 그림인 것 같다.
아이들이 생각하는 미세먼지에 대해 들어보자 부족하긴 해도 첨으로 이용해 그림 것으로 예측했던 교사의 생각과 다르게 아이들은 일종말한 무거체의 미세먼지 그림이 아니라 다양한 색의 변화가 있는 표시가 아닐까?

아이렌어린이집, 만3-4세

오늘 파랑이야?

유승: 선생님, 오늘 미세먼지 오늘 파랑이야?
교사: 같이 찾아볼까?
유승: 저것봐! 파랑이야
저것봐!! 우리 나갈 수 있어?

유승이는 책 뿐만 아니라 표정을 읽으며 이야기했다. 특히 하트가 그려진 파랑은 '하트 풍풍'으로 부르며 손에 쥐고 다니더니 이곳저곳에 붙였다.

나가면 안 되는 나름이야

마은: 노란색은 '조금 나쁨'이고
검정색은 '엄청 나쁨'!
파랑: 그건 '나가면 안 되는 나쁨'이야~
서은: 그럼 초록은 '조금 좋은 날?'

마은과 유승이의 관심을 끼어든 다른 친구들이 물어보았다. 미세먼지 그림에 표정이 이해했고 이름을 지을 수 있을 실마리를 나갈수 있고 없는 우리의 일상과 연결지어 생각하기 시작했다.

좋음하트 하늘 웃음 조금 좋은 보통 조금 나쁨 슬픔 나쁨 화난 나쁨 나가면 안되는 나쁨

괴물이라 절대 나가면 안 되는 거야

미세먼지가 우리에게 영향을 주는 중요한 현상으로 받아들여지면서 어린이들은 모여있을 때 미세먼지에 대해 이야기를 나누었다. 미세먼지에 대한 다양한 정보들을 듣고 있다 미세먼지가 우리에게 괴물같이, 인식되었고, 그리고 그림에 가슴에 확신을 가지기 시작했다. 친구들, 선생님, 그리고 동생들을 진심으로 걱정하는 모습들도 나타났다.

유승: 오늘 매우 나쁨인거 같은데?
마은: 미세먼지에 걸리면 독감에 걸려가지고 코로 감영 아예.
유승: 매우 나쁨 안에 슬픔이와 나가는 거 아니야.
매우 나쁨도 나가면 안 돼.
매은: 마스크 쓰고 나가면 돼.
유승: 검정색도 나가면 안 돼. 무서운 거 맞지?
매은: 응 맞어.
유승: 검정은 왜 내 자꾸 파나는 거야.
마스크요를 안 쓰면 괴물이 돼 버릴
나가면 안돼.
ooooo 마스크 써야 돼. 마스크 꼭 써야 돼!

대기질 안내판에서 시작된 관심은 미세먼지 농도를 나타내는 상징에 대한 관심으로 이어졌다. 어린이들은 상징에 색과 표정이 의미하는 것을 읽고 그림이 우리 일상과 밀접한 관련이 있음을 이해하게 되었다. 그리고 그림에 영향을 주는 존재인 미세먼지가 우리에게 괴물처럼, 방공하게 유해한 존재일 것이라고 생각하고 있었다. 그렇기에 어린이들은 미세먼지 농도를 민감하게 받아들여 일상속에 반영하였다.

미세먼지 때문에 웃음마저 잔뜩이 모여버린 대기질에 대해 의식하게 살기 알았다. 공기는 우리에게 당연히 주어져 보이지고 느낄 수 있는 영향력이 없었다. 그렇다가 우리의 같이 변화기 이해에 실적을 나가다, 멀리서 미세먼지의 농도라서 제크하다. 이러한 변화는 그동안 생각만 못해왔던 대기질이 우리의 삶과 밀접하게 연결되어 있다는 한다. 특히 어린이들에게 대기질은 내가 좋아하는 실외놀이를 할 수 있을지 없을지를 결정하는 중요한 요인이 되었다. 결국 건강한 좋은 모습이다. 다른 프렉로터 나에게 영향을 주는 것이다. 나의 말과, 나의 친구, 친구들과 함께하는 놀이 등, 그렇기에 어린이들은 대기질에 주목적인 민감해질 수밖에 없었을 것이다.

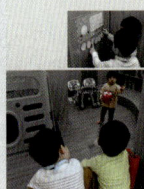

지금이야!!!
-제트기로 시작된 바람과의 만남

밖에서 날리니까 더 잘 날아가!

학기 초부터 어린이들은 매일같이 대줄이로 제트기를 접어서 날리는 놀이를 하였다. 두 달 동안 제트기가 놀이가 반복되면서 어린이들은 제트기가 잘 날아가는 전략을 찾고 친구들과 공유하는 모습을 보였다. 의자 위에 올라서 더 높은 곳에서 날리기, 제트기 앞부분을 접고 날리기, 위쪽을 바라보고 날리기 운동. 어린이들은 그동안 수없이 반복된 제트기 놀이 속에서 어떻게 하면 제트기를 더 '잘' 날릴 수 있을지 전략들을 찾아가면서 그들 나름대로 의미 있는 시도와 고민의 시간을 보낸 것이다. 그 중 어린이의 전략은 교사에게 흥미롭게 다가왔다.

"저번에 집에 갈 때 밖에서 날려봤는데 잘 날아갔어요!"
"바람이 쌩~쌩~ 부니까 제트기가 어느 쪽으로 날아갈 땐 많이요!"

이벤트프로토어린이집, 만3-4세

교사는 어린이의 이야기를 듣고 보니, 그동안 어린이들이 실내에서만 제트기를 날려왔던 문제였는데 이번 기회를 통해 어린이들이 밖으로 나가보면 어떨까 하는 생각이 들었다. 밖에서 제트기를 날리다면 제트기의 움직임 뿐 아니라 어린이들이 자연물과 민감하게 느끼고 생각해 볼 수 있는 기회가 되지 않을까? 교사는 어린이들이 자연 속에서 어떻게 제트기를 날리면서 놀이를 하게 될지 기대하며 밖으로 나가게 되었다.

바람이 분다! 바람이야!

바람을 나가자마자 어린이들 모두 호기심이 가득한 눈망울로 제트기를 접어서 날렸다. 제트기는 바람의 방향과 세기에 따라 서로 다른 계도로 날아갔다. 그 가운데 제트기를 영심히 날리는 운주가 교사의 눈에 들어왔다. 하지만 운주는 제트기를 바람의 반대 방향으로 날려서인지, 제트기가 바람의 저항을 이겨내지 못한 채 날지 못하고 바닥으로 툭 떨어졌다. 어떻게 하면 좋을까? 그런데 운주 옆에서 제트기를 날리던 민수는 더 너 높은 위치의 벤치에서 제트기를 날리고 있었고, 바람의 정방향으로 날아서인지 붕~ 드 애래로 잘 날아갔다. 이 모습을 보면 운주는 민수를 따라 높은 곳에서 날리기를 시도하였다. 하지만, 여전히 운주의 제트기는 바람의 저항을 이기기 못했다. 그 이후로도 운주는 몸의 방향을 바꾸보기도 하고 친구의 움직임을 따라하며 제트기를 잘 날리기 위해 끊임없는 시도를 이어갔다.

"지금이야!
바람이 분다! 바람이야!"

갑자기 평~하고 바람이 부는 순간, 지우가 큰소리로 외쳤고 그 소리에 운주도 재빨리 제트기를 던졌다. 드디어 운주의 제트기는 기다란 궤도를 타고 쭉 날아갔다. 그렇게 어린이들은 여러 차례 제트기를 날리면서 바람이 부는 방향과 바람이 부는 시점이 제속 달라지는 것에 호기심을 가졌고, 제트기를 잘 날리기 위해 눈에 보이지 않는 바람이라는 자연에 대해 접차 민감하게 느끼게 되었다.

왜 내 낙하산만 안 움직여?

교사는 어린이들에게 눈에 보이지 않는 바람을 좀 더 쉽게 느낄 수 있도록 다른 자료를 계안하였다. 평소에 어린이들이 즐겨 만들던 '연'을 고민하다 적은 바람에도 민감하게 반응하는 비닐 봉투를 만들었다. 어린이들은 이를 '낙하산'이라고 불렀고, 호기심 가득한 눈빛으로 바람의 움직임을 유심히 탐색했다.

"우와! 예쁘다! 이것 봐, 날아가"
"바람이 쌩쌩 부니까 더 잘 날아가?"
"함께 날려보자!"

그렇게 함께 날리던 어린이들이 어느 순간, 바닥에 낙하산을 놓고도 꼼짝유지을 관찰하기 시작했다. 낙하산은 바람이 움직이자 함께 흔들렸고, 강한 바람이 올 때에는 바닥을 스치며 빠르게 움직였다.

"선생님! 기다리니까 바람이 와요!"

"와아! 왜 내 낙하산만 안 움직여!"

"나뭇잎은 흔들리는데 왜 내 낙하산으로는 안 오지?"
"바람은 여러 개라서 그런 거야?"

어린이들은 흔들리는 나뭇잎과 낙하산의 움직임을 비교해보기도 했고, 나의 친구의 낙하산이 다르게 움직이는 차이를 살펴보기도 하면서 바람은 여러 개가 있다고 생각하는 듯 했다.

비록 눈에 보이지 않을지라도, 어린이들은 놀이를 통해 바람을 자부로 느끼고 경험하여 점차 민감해졌다. 평소에도 바깥 나가면 어린이들이 그들의 대화 속에서 자연스럽게 바람을 의식하며 이야기하는 것을 종종 들을 수 있다. 자연 안에서 어린이들이 바람과 깊은 만남을 가까이에 이런 길은 반응이 나타나는 것이 아닐까?

어린이들의 인기 놀이였던 제트기 놀이, 그 놀이도 시작했던 바람과의 만남. 어쩌면 바람은 어린이들의 제트기 놀이를 통해 오랜 기간을 만나고 바람이었고, 그렇게 천천히 알아갔기에 보다 의미 있는 시도와 배울이 이루어질 수 있었던 것 같다. 자고로 어린이들은 '바람은 여러 개이고', '바람은 모두 방향이 다르고', '바람은 때로는 개로다 크다고' 말했고. 이런 어린이들의 가장말은 자연이 경험으로 바람을 만나고 이해한 뒤의 결과물이었다.

어린이들의 자연에 가까워지기 위해서는 교사는 늘 질문을 자연이지지 민감하게 느껴오라는 여유와 시도가 필요한 것 같다. 또한 어린이들의 놀이를 세심히 들여다보고 그 놀이 속에서 자연스럽게 자연을 만나고, 자연과 가까워지는 과정을 경험할 수 있도록 교사가 지원해야 하는지에 대해 곰곰이 고민하는 중요성 깨닫게 된다.

제트기로 시작된 바람과의 만남처럼…

영아들과 함께 하는 산책길, 만1세의 영아들이 안전하게 산책하는 것이 가장 중요했었는데, 교실 안에서 영아들이 시선, 손과 발의 움직임을 들여다보기 시작하면서 산책길에도 그들의 시선에 집중하기 시작했다. 영아들은 나뭇가지를 만지기도 하고, 한참을 바라보며 서 있기도 했다. 교사는 그런 영아들을 보며 그들이 나뭇가지를 어떻게 어떤 놀이를 할까 생각하곤 했다. 그러나 산책길에 찍었던 사진을 되돌아보며 당시에는 보지 못했던 영아들의 표정을 발견하고는, 여전히 교사는 영아의 활동보다 관심이 있었다는 것을 깨닫게 되었다. 나뭇가지는 하나의 자료일 뿐이며 영아들이 자연을 어떻게 만나고, 놀이를 어떻게 들여다보고 이해해 가고 있다.

감각을 일깨우는 자연의 힘

손끝으로 만나다

숲 속에서 영아들은 풀을 만져 보기도 하고, 나무 가까이에 서서 나무껍질을 잡아 떼어 내기를 하고 있었다. 나무에 다가가서 나무의 껍질을 조심스레 잡아보는 영아의 손끝에서는 마치 나무의 집중을 느껴보려 하는 손길의 의도힘이 느껴졌다. 손을 내밀어 다가가는 영아들의 모습을 더 가까이, 자세히 보고자 교사도 영아들의 손을 바라가 보였다.

손길에 의도를 담다

영아들은 손끝으로 나뭇잎을 잡고, 열매의 꼭지를 떼어내고, 열매를 놀이보고, 옥수수대를 휘두르고, 풀을 잡으며 다양한 손끝에서의 힘을 보여주었다. 손으로 발레하며 마치 '이게 뭐야', '여기서 내가 힘을 주면 열어질까? 어떻게 될까?', '어느 정도의 힘을 주어야 하는 걸까?', '놀이 될까?' 쎄게? 약하게?' 등의 생각을 하는 듯 영아들만의 가설을 세워가는 듯 싶었다.

마이원혁백어린이집, 만1세

나뭇가지를 잡고 땅 위에 긁기를 시작하니 연속해서 그어 빚을 따니게 된다. 힘을 주어 흔적이 남기고, 그 힘이 반복되어 지면서 흔적에 변화가 나타난다.

딱딱한 땅 위에서는 많은 힘이 주어진 반면 모래를 만날 때의 손끝은 유연함이 느껴진다. 모래를 긋고, 손에 쥐어 비비보며 손에 힘이 많이 들어가지 않아도 영아들의 손에서는 부드러움이 느껴진다.

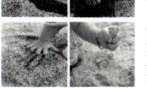
엄지와 검지로 열매를 잡고, 놀이보며 열매의 질감을 느끼는 영아는 스스로 손가락의 힘의 세기를 조절하는 듯 보였다.

낙엽을 쥐어 보며 부서짐을 느끼고, 집힐을 잡은 듯 조심스레 억세를 잡고 휘두르기도 한다.

만1세 영아들은 다양한 감각을 사용하며 자연을 만나기고 있었다. 바라보고, 집중을 뜯어 다가가고, 손을 내밀어 만져보기도 한다. 영아들 손끝의 움직임이 얼마나 세밀하고, 진지한지 교사에게는 전해진다. 자연에서의 다양한 형태, 색, 질감을 느껴보고, 계절마다 변해가는 모습을 긴감하게 받아들이며 계속해서 새로운 만남을 하게 되었다. 그 과정에서 손끝의 힘을 조절해가고, 그에 따른 변화를 경험하며 다양한 시도, 실험을 해왔다.

영아들은 손끝으로 많은 이야기를 하고 있으며 다양하게 자연과 세상을 알아가고 있었다. 교사는 영아들의 손끝이 어디에 머무는지, 그 손끝으로 무엇을 하는지 들여다보았을 때 비로소 영아들이 자연에 다가가고 자연과 교감해가는 방식을 이해하게 되었다.

3년 동안 담임으로 맡았던 푸른반 어린이들은 유독 공원 안에 위치한 숲에 가는 것을 좋아했다. 어린이들은 숲에 도착하면 "와아아아야" 소리를 지르며 뛰어 들어간다. 어린이들의 표정과 목소리에서 들뜸이 완연히 같은 작용을 하고 있었다. '매일 산책을 오면서 이렇게 많이 흥분하는 건 왜일까?' '내일 다른 무엇인가를 주목 요즘 어린이들이 유독히 당신해가며 보고 있는 어떤 모든 도 한 주적을 기울여서 알이야만 했다.

찾았다! 찾았다!

어린이들은 웅성거리고 말아 손에 무엇인가를 모으고 있었다. 그리고 여기에서 "불법시네 불법이"라고 큰 소리도 외쳤다. 어린이들이 모으고 있는 정체를 보러 가까이 가보니, 어린이들은 모두 다 같은 모양의 돌을 줍어와 같은 곳을 모으고 있었다. "매일 산책을 오면서 이 정도 많이 돌 움직이 같은 기본 무엇인가를 주목 요즘 어린이들이 당신해가며 보고 있는 모습을 보며, 찾고 모으는 어떤 모든 무엇 주의를 기울여서 같이 알아야 한다.

민기: 얼매를 누르면 풀이 나오네! 선생님 이게 뭐일까? 내가 찾았어요!
지영: 아! 저번(지번)시에 저번(지번)에 나오는 나무를 찾았어!
시우: 아! (찾은 나뭇가지) 이슬받쳐이에 큰 나무처럼 이렇게 심을이 나와

어린이들은 마치 보물을 찾은 것처럼 친구들에게 자신이 찾은 자연물이 얼마나 특별한지 대체적으로 설명했다. 목질은 연필, 물통 등 정형화된 놀이길이 있는 공간을 영어난 숲 속 어린이들에게 특별한 보물이 있는 곳이었다.

'근본 숲에 국일은' 교실에서도 이루어졌다. 교사들은 숲에서의 경험을 이야기 하기 위해 숲속 풍경을 크게 프린트하여 맥면에 숲을 세워주기로 했다. 맥면 나랑 수 없는 날에는 '근본 숲에 국일을 수 있는 공원이 될 것이다. 나라은 오실 공원에 큰 제가 남기된 것이 위안 그렸다. 그리고 그 위에 근무 가내가 '이렇게 어렵게 올라갔다' '조 아래에 또 나무를 올려 놓는 듯 놀이 배치 무엇이가 만들어지는 과정이었다. 결국 구름다도 건전같은 가지고 너머에 이리저러 되어 꽃을 순간 올라갔다. 친구들 사이에서 이것이 분발하다. 고민하며 나리며 그 위에 올라진다. 나리가 선반은 '개미'가 있어야 할 곳이다.

채운: 양아 번아야 해!
변기: 나나기 저번에 선반에 발이 있어서 저번에 되는데!
민기: 거기 봉이여는 풍이여에!
나경: 뱀 위에 올라가야 꼭 보일 것 같으니까.
내가 보인다 어떻까?

나뭇잎 속에 숨은 초목 열매

호기심에서 발견으로 이어지는 어린이들의 찾기는 계속되었다. 그 중, 민기가 찾은 나뭇잎 사이의 초록 열매는 더 특별하게 다가오는 것 같았다.

시후: 이선 정말 무당벌레가 꿈벌이야 빨간색이야 ----- 애 무당벌레야?
채운: 캠프 없이 이선 친---- 애 무당벌레야?
지현: (나뭇가지를 굴고) 거기 여기로 와! 입은 나뭇잎 숲에서야 뭐! 그런데 저들이 숲이여! 숲에 들어가서!

민기: 저기! 저기! 초록색 거 나뭇잎 앞에! 빨간색이 아니라 초록색이야!
시우: 여기? 어디? 안 보여
민기: 저기! 저기!
시우: 아! 저기! 초록색 나뭇잎이 초록 열매가 있으니 잘 안 보여.
민기: 그럴 수속에 보로색 이라는 거야!

여러 가지 자연물을 찾아다니 던 어린이들은 주변의 같은 색깔 때문에 잘 보이지 않는 자연물을 발견했다. 그리고 '숲 속에 보로색 개념이 다른 것이었다. 이식 개념을 정확히 모르기에 발을 잘 지도해야 것 같지만, 숲에 들어가 있는 이식 어린이들은 보고 해 자신들이 알고 있는 보로색에 대해 노력으로 접근하며, 어린이들은 보로색이란 개념을 가지고 있었다. '숲 속에 보로색에 대한 가설을 만들어가고 있었다. 어떤한 동이 교사에게 들렸다. 그래도 주요한 들을 기대되었다.

한솔교육&CJ키즈빌어린이집, 만3-4세

승바꼭질을 하는 자연물
승바꼭질을 하지 않는 자연물

그런데, '숲 속에 보로색'을 적용할 수 없는 자연물을 만나게 된다. 집지어 무당벌레처럼 숨어 있지 않은 독도 있다.

시헌: 버섯이야!!
민기: 보기 안에 들어있어.
민기: 노란 건데 조심해야 돼!
채운: 잘못 숙이 야!
민기: 독버섯은 목이 있어서 안 숨어 있는 거잖아!

어린이들은 독버섯에 대해 알고 있었다. 독버섯에 대한 지식은 독의 존재는 우리 또한 만지지 못 하는 것이었다. 그렇기에 독버섯은 숨어야 할 이유가 없다고 있다. 이는 '숲 속에 보로색' 법칙을 벗어난 경우인 것이다. 어린이들은 그림자를 보여주니 반치지 않아도 알 것이다. 까지 어린이들은 이 만남으로 한 동안 발견시키다가 가을을 시골부터 수, 보호를 하는 기회를 만나게 되었다.

다 이유가 있어!

어린이들은 '책 한 보이지', '책 숨었어?', '책 안 숨었어?'로 이야기 나온 자연에 대한 궁금증을 친구들과 나누며 점차 '그들만의 이론'을 만들어간다. 그들의 생각이 맞고 있는 개념과 다르기에 흩어낼 수 이야기 때문에 모른다. 와지 이런 어린이들 구체해진 이론은 어른들의 다르다. 우리가 알고 그의 개념 그 이상의 자연에 대해서 이해하고 있는지 모른다. 어린이들은 자연의 모든 모습 자연이시작했다. 그리고 공원 자연물들의 색에 하나 보는보고가 자연스럽게 되어지고, 깊이 있는 자연이해이 분명하다. 독버섯은 숨어 있기는 전이들 해외 덜어 있는 것이다. 독버섯은 숨지 않아도 자연에 막속 드러내도 컬 것이다. 어린이들은 묻지 개념이 아닌 더 깊은 뜻을 파악해가며 자연에 다가가고 있었던 것이 아닐까 자연의 이해는 그들과 같다.

참여자 명단 (가나다순)

광명경찰서어린이집
허윤정 원장 강예원 교사

기아광주어린이집
정희순 원장 고스란 교사

기아화성어린이집
김민자 원장 성아름 교사 이현 교사 장유리 교사

서산오토밸리어린이집
고영숙 원장 정나현 교사

서울시농수산식품공사올본어린이집
김민경 원장 성연화 교사 임동은 교사

아산경찰서어린이집
전소연 원장 이유정 교사 임화정 교사

아이앤어린이집
박미영 원장 문혜민 교사

이랜드코코몽어린이집
김대라 원장 하은혜 교사

코닝정밀소재어린이집
이자현 원장 이지연 교사

하이원태백어린이집
윤현옥 원장 김지선 교사

한솔교육&CJ키즈빌어린이집
김진희 원장 김유진 교사 박소연 교사

한화여의도어린이집
김현욱 원장 김민정 교사

CJ키즈빌어린이집
김민영 원장 전슬기 교사 황수민 교사

LG이노텍(파주)어린이집
오미경 원장 김예지 교사 안드레 교사

SKY어린이집
김경희 원장 김예린 교사

the KIDS 대방어린이집
유은정 원장 오재희 교사

참여교사 소감

만지면 손과 옷을 지저분하게 하는 버찌라는 교사의 시선에서 벗어나 '함께 놀이하고 싶은 존재'로서 버찌를 바라보는 어린이들의 시선을 따라가면서 교사도 그들만의 방법으로 놀이하고 몰입할 수 있도록 지원했다. 그 과정에서 어린이들은 버찌와 다시 만나고 싶은 친구가 되었고 버찌의 다양한 특성에 대해 알 수 있었다. 교사의 역할에 대해 다시 되돌아보는 기회가 되었다.

광명경찰서어린이집
강예원 교사

우리가 일상생활에서 흔히 지나쳐가는 빛은 어린이들에게 특별하게 다가왔다. 어린이들 스스로 호기심을 갖고 함께 탐구하는 과정에서 서서히 자연 빛의 예측할 수 없는 특성을 알 수 있었다. 또한 놀이 안에서 어린이들의 유능함을 믿고 교사가 기다려주는 과정은 매우 중요하다는 것을 느낄 수 있었다.

기아광주어린이집
고스란 교사

어린이들을 들여다보기 시작하면서 세상을 들여다보는 시선이 달라지기 시작했다. 늘 걷던 평범한 산책길이 우리만의 보물길이 되고 그저 자연물이라고만 느꼈던 돌멩이와 나뭇잎이 소중한 보물이 되어 돌아왔다. 어린이들의 시선으로 바라보며 함께한 작은 움직임이 모두에게 더 큰 세상을 바라볼 수 있도록 해준 것에 감사한 마음이다. 앞으로도 많은 잠재력을 가진 어린이들과 함께 할 날들을 기대해본다.

기아화성어린이집
성아름·이현·장유리 교사

냄새라는 것은 교사도 어린이들도 그냥 무심코 지나칠 수 있는 것이었는데, 자연을 통해 새롭게 접근하며 냄새라는 것이 다채로운 것이고 매우 흥미로운 것이었음을 깨닫는 시간이 되었던 것 같다. 매일 오고가던 익숙한 산책길에서도 하루하루 새로운 자연이 발견된다는 것을 이번 기록을 통해 알게 되었으며, 교사도 익숙한 것을 바라보는 시각의 변화를 경험하는 소중한 기회였다.

서산오토밸리어린이집
정나현 교사

꽃 심기 시도를 어린이의 시선으로 함께 들여다보는 과정에서 자연의 생명성에 대해 다시 한 번 생각해보게 되었고, 자연의 신비로움에 대해 영감을 얻고 자연과 새롭게 만날 수 있는 시각을 얻을 수 있었다. 어른들은 놓치기 쉬운 다양한 것들을 어린이는 유연한 사고로 받아들이고 표현한다. 그러한 사고의 방식을 이해하고 지지해주며 어린이의 생각과 경험을 더 가치롭게 볼 수 있게 되어 기쁘다.

서울시농수산식품공사올본어린이집
성연화·임동은 교사

아산경찰서어린이집 **이유정·임화정 교사**	19년을 되돌아보면 우리에겐 멋진 꿈을 꾸듯 행복했던 시간이었다. '피닉스'라는 멋진 공간을 선물해 준 해솔반의 어린이들이 있었기 때문이다. 재단의 보육철학을 이해하기 위한 교사의 마음이 열리지 않았다면 아마도 우리는 만들어진 자연을 찾아 멀리 다녔을 것 같다. '피닉스'라는 마법 같은 곳에서 함께 즐기며 건강히 성장해준 해솔반 친구들에게 감사를 전한다.
아이앤어린이집 **문혜민 교사**	어린이들은 유해한 존재의 미세먼지에 대해 어린이들의 일상, 친구들의 건강, 친구들과 함께하는 즐거움에 연결시켜 이야기로 만들어가고 있었다. 이처럼 어린이들은 자연의 변화에 자신의 삶 속에 연결해가는 존재였다. 자연 안에서 무언가를 가르쳐주려고 했던 나는 기록을 통해 어린이 스스로 알아가고 소통하고 있음을 발견하는 시간이었다.
이랜드코코몽어린이집 **하은혜 교사**	어린이들은 눈에 보이지 않고 손으로 만져지지 않는 바람이라는 자연현상에 대해 자신만의 방식으로 해석해가며 만나고 있었다. 교사가 바람에 대한 과학적인 단서나 지식을 전달해주는 것이 아닌, 어린이들 스스로 시도하고 경험해나갈 수 있도록 지원해주는 것이 교사의 역할임을 되새겼다. 어린이들의 놀이를 지원하는 과정에서 협의를 즐기게 되었고 나아가 교사들도 바람이라는 자연에 대해 더욱 민감하게 느낄 수 있었던 의미 있는 시간이었다.
코닝정밀소재어린이집 **이지연 교사**	잡초를 통해 고정관념에서 벗어나 새로운 눈으로 어린이들을 볼 수 있었다. 교사가 알려주지 않으면 모를 것 같았던 잡초를 통한 자연의 섭리들을, 어린이들은 스스로의 경험 속에서 많은 것을 발견해나가며 살아가고 있었다. 마음을 열어 재단의 교육철학을 이해하는데 망설임과 시행착오가 있었지만, 그때마다 힘이 된 건 협의시간이었다. 기록을 나누며 '교사'라는 존재는 성장의 주체이자 잠재력을 지닌 어린이를 지원하는 역할이라는 것을 우리 모두 깨달을 수 있었다.
하이원태백어린이집 **김지선 교사**	손을 들여다 본 순간 자연과 하나되어 만남을 이어가는 영아들을 볼 수 있었다. 그 모습은 너무 자연스러웠으며, 손으로 만나는 자연물 하나하나가 마치 설레는 보물을 만나는 것 같았다. 손끝에서 계절의 변화를 느끼는 시간을 통해 교사도 배움을 함께 하며 어린이들과 성장할 수 있었다. 이 소중한 시간에 감사함을 느낀다.

산책 시간에 어린이들과 자연물을 들여다보는 과정에서 자연에 나타내는 색에는 다 이유가 있다는 것을 알게 되었다. 어린이들이 서로 자연물의 고유한 색에 대해 이야기 나누는 과정을 지켜보며 자연의 보호색에는 교사가 생각한 것 이상으로 저마다의 이유가 있다는 것을 느끼게 되었다. 자연에 대해서 끊임없이 탐구하고 가설을 세워가는 어린이들을 통해 교사 또한 자연 속 색깔들의 의미를 배우는 시간임을 확인할 수 있었다.

한솔교육&CJ키즈빌어린이집
김유진·박소연 교사

장수풍뎅이에 몰입하여 탐색하고 관련된 생각과 마음을 다양한 상상으로 연결지어 놀이하는 만1세 영아들을 보며 그들의 유능함에 대해 다시 한번 놀라게 되었다. 자연과의 교감은 다양한 경험으로 자연스럽게 연결되어졌고 자발적이며 능동적이었기에 특히 인상적이었다. 또한 교사의 지원을 통해 어린이들이 다양한 상황에서 자신의 생각을 유연하게 연결 지을 수 있는 힘이 되었던 것 같아 유의미한 시간이었다.

한화여의도어린이집
김민정 교사

올 한해 어린이들은 자연 속 생명의 탄생과 죽음을 경험하게 되었다. 한 연령의 관심에서부터 점차 모든 연령의 어린이들이 관심을 갖게 되었고 어린이집 전체 어린이들은 진짜 자연이 무엇인지에 대해 궁금해하며 자연을 알아가게 되었다. 눈에 보이는 자연보다 눈에 보이지 않는 자연을 느끼며 만나가는 어린이들의 모습 속에서 교사 또한 성장하는 뜻 깊은 한 해가 되었다.

CJ키즈빌어린이집
전슬기·황수민 교사

창문에서 시작된 영아들의 시선으로 펼쳐진 자연에 대한 발견과 놀이로 이어지는 과정은, 자연놀이에 대한 교사의 관점에 깨달음과 배움을 주었다. 영아들이 자연을 있는 그대로 느끼고 공감하며 자연과의 관계맺음을 이어가는 모든 순간들은 마치 놀이 현장이 살아있음을 발견하는 시간이었다.

LG이노텍(파주)어린이집
김예지·안드레 교사

어린이들의 '본부놀이'가 자연과 만나 자연이 주는 가능성과 매력을 마음껏 누리며 즐길 수 있었음을 알게 되었다. 자연에서의 다양한 요소들을 직접 경험하고 흥미에 따라 자유롭게 놀이를 전개하며 유아들이 이전보다 주도적으로 변화해가는 모습을 볼 수 있었다. 이번 콜로키움 통하여 1년간의 '본부놀이'를 되돌아볼 수 있어 교사로서도 많은 배움의 기회가 될 수 있었다.

SKY어린이집
김예린 교사

우리는 매일 자연을 만난다. 어느 순간부터 어린이들에게 자연과의 만남에서 방해꾼이었던 '비'가 선택의 전환으로 기대에 찬 기다림과 색다른 자연의 만남을 선사하며 일방적으로 정리되었던 우리의 교육관점에 돌을 던졌다. 어린이의 시선을 따라가며 탐색과 시도로 가득한 놀이를 통한 배움을 바라보며 우리의 교육을 돌아보는 시간이 되었다.

the KIDS 대방어린이집
오재희 교사

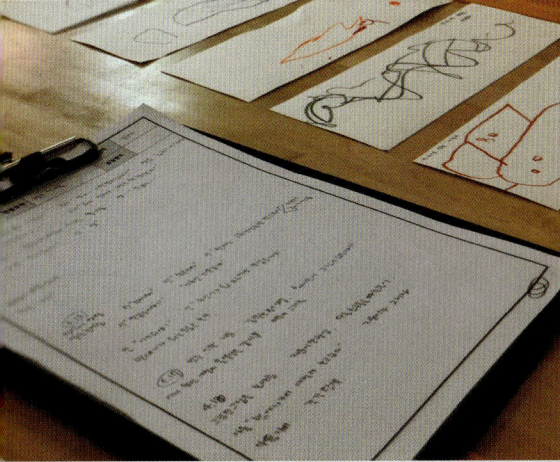

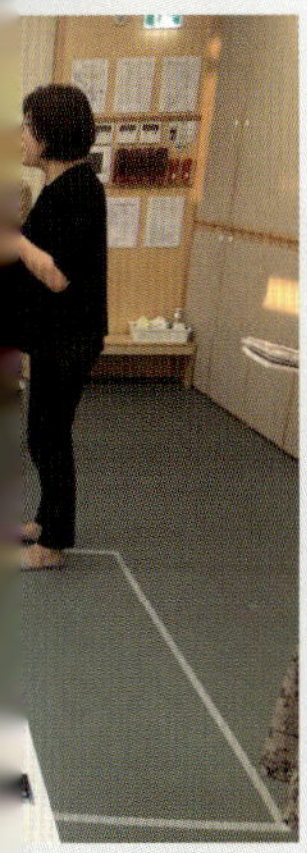

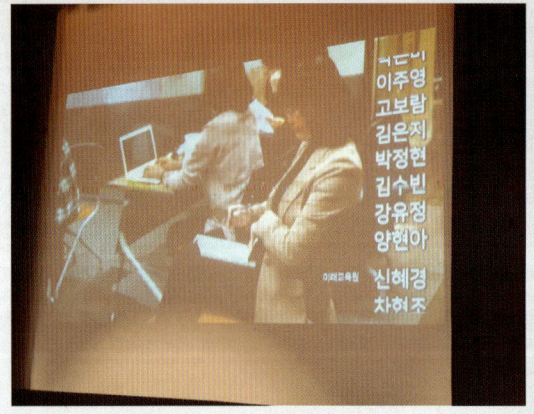

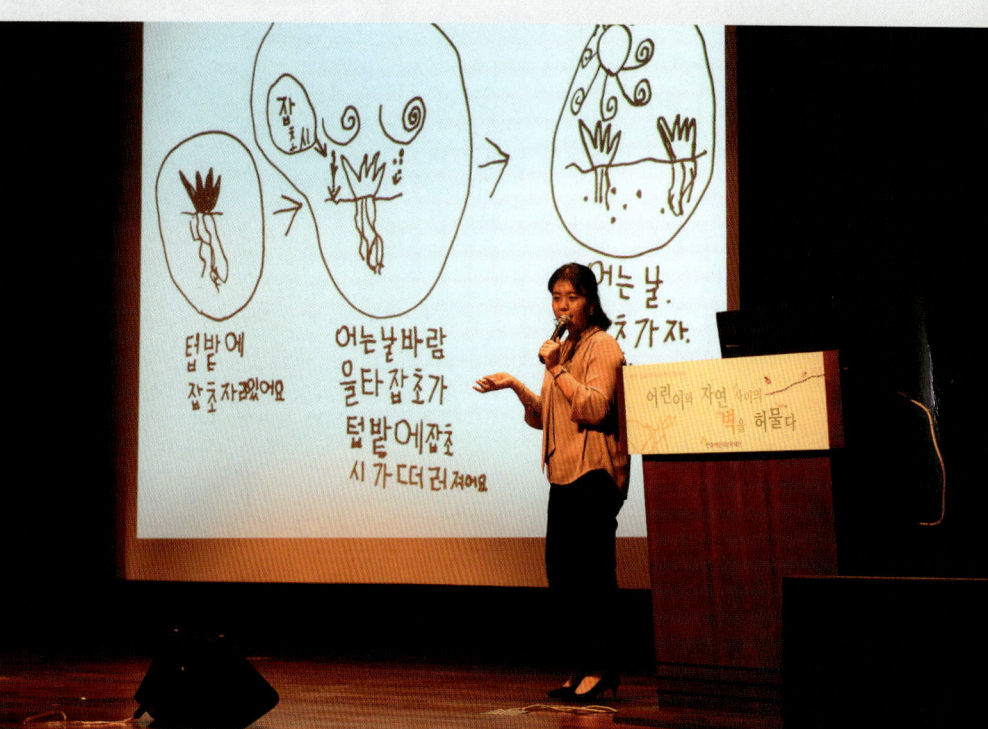

레지오 정신을 토대로 한 도담도담이야기 Ⅲ
어린이와 자연 사이의 벽을 허물다 : 만나고 놀이하며

첫째판 1쇄 발행 2020년 5월 5일
첫째판 2쇄 발행 2020년 9월 9일

펴낸이	한솔어린이보육재단·오문자
대표번호	02-2001-5418 (보육 및 인사채용), 02-2001-5381(설치상담)
주소	서울시 마포구 월드컵북로 361(상암동) 한솔교육빌딩 7층
팩스	02-2001-5406
전자우편	hansol@hansolhope.or.kr
홈페이지	http://www.hansolhope.or.kr/
디자인	소정당협동조합
대표번호	02-838-8967
주소	서울시 금천구 탑골로8길 23, 금천구사회적경제허브센터 404호
전자우편	sojungdang@gmail.com
홈페이지	http://youngbuthonest.com
발행처	주식회사 도담서가
발행인	신은하
출판등록	제2019-000174호
주소	서울시 마포구 월드컵북로 361(상암동) 한솔교육빌딩 7층
대표번호	02-2001-5501
전자우편	aline86@naver.com

ⓒ 한솔어린이보육재단·오문자, 2020
이 책은 저작권법의 보호를 받는 저작물이므로 무단 전제 또는 복제를 금합니다.

ISBN	979-11-970329-0-5 (93370)
정가	20,000원

이 도서의 국립중앙도서관 출판예정도서목록(CIP)은 서지정보유통지원시스템 홈페이지(http://seoji.nl.go.kr)와
국가자료종합목록 구축시스템(http://kolis-net.nl.go.kr)에서 이용하실 수 있습니다. (CIP제어번호 : CIP2020016556)